U0902723

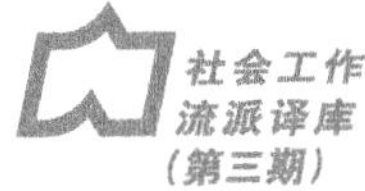

社会工作流派译库·精通社会工作技巧系列
上海文化发展基金会图书出版专项基金资助项目
“十三五”上海重点出版物出版规划项目

精通社会工作多样性的方法

Mastering Approaches to Diversity in Social Work

[英] Linda Gast Anne Patmore 著
侯利文 赵 阳 译

华东理工大学出版社
EAST CHINA UNIVERSITY OF SCIENCE AND TECHNOLOGY PRESS
·上海·

图书在版编目(CIP)数据

精通社会工作多样性的方法/(英)琳达·加斯特(Linda Gast),(英)安妮·帕特莫尔(Anne Patmore)著;侯利文,赵阳译. —上海:华东理工大学出版社,2019.1

(社会工作流派译库. 第三期)

书名原文:Mastering Approaches to Diversity in Social Work

ISBN 978-7-5628-5708-2

Ⅰ.①精… Ⅱ.①琳… ②安… ③侯… ④赵… Ⅲ.①社会工作—研究 Ⅳ.①C916

中国版本图书馆 CIP 数据核字(2019)第 003929 号

First published in the UK and USA in 2012 by Jessica Kingsley Publishers Ltd
73 Collier Street, London, N1 9BE, UK

Printed in Mainland China

著作权合同登记号:"图字:09-2017-065号"

策划编辑 / 刘　军
责任编辑 / 刘　军　章斯纯
装帧设计 / 袁银昌设计工作室
出版发行 / 华东理工大学出版社有限公司
地址:上海市梅陇路 130 号,200237
电话:021-64250306
网址:www.ecustpress.cn
邮箱:zongbianban@ecustpress.cn
印　　刷 / 当纳利(上海)信息技术有限公司
开　　本 / 710 mm×1000 mm　1/16
印　　张 / 11
字　　数 / 182 千字
版　　次 / 2019 年 1 月第 1 版
印　　次 / 2019 年 1 月第 1 次
定　　价 / 92.00 元

译库学术顾问委员会

社会工作流派译库

总序

这是我们与华东理工大学出版社合作的第二套译著丛书。21 世纪初，我们所推出的 18 种一套上海市重点图书“社会工作名著译丛”获得了学术界的热烈反响和高度认同。本套译库与以往不同的是，更加聚焦于介绍西方社会工作的理论流派，但又不局限于理论流派的译介。西方的社会工作历经一百多年的发展，已经形成了诸多视角、理论、模式与方法。知识转移与全球共享是当代社会工作发展的一个重要特点。熟知并批判性地借鉴西方社会工作理论，对于建构兼具国际规范与中国特色的社会工作理论、制度、实务模式，无不具有重要的理论意义和实践意义。唯其如此，中国社会工作学界方有可能参与全球专业知识库的建构，以推动国际社会的公平与正义。

需要强调的是，中国社会工作的制度设计与发展经验具有本土的特点，不能简单地照搬西方的理论框架去加以解释。这就要求我们，在学习借鉴西方社会工作专业知识的同时，应警惕本国专业共同体因理论的“不自觉”“不自信”而在全球知识界处于失语状态。因此，必须立足和扎根于我国社会体制改革、新社会组织、新社会服务和现代社会工作制度建构的实践，积极进行中国社会工作的理论建构与知识创新。唯其如此，中国的社会工作学界才有能力提升在全球的话语权，从而为全球社会工作贡献中国的力量。

衷心希望本套译库能为中国社会工作的发展提供新的知识支持，以进一步推动国内的社会工作理论研究与知识建构。须知，没有系统强劲的社会工作理论的科学支撑，就不可能有系统强劲的社会工作发展实践。

本套译库的出版得到了相关出版基金的大力资助，为此我的感谢与感激之情难以言表！这里，我要向所有参与翻译本套译库的同仁表示感谢，因为他们的奉献体现了社工学人的专业精神！感谢华东理工大学出版社，因为他们始终对我们充分信任及对社会工作学科建设鼎力支持！我还要特别感谢何雪松教授，因为他持之以恒的追求、坚持和奉献，我们才有了本套译库的中文版！

是为序。

华东理工大学中国社会工作研究中心

徐永祥

编者序

有效地利用多样性是所有社会工作实践的核心。然而，社会工作者太过频繁地听到这句话以至于变得缺乏敏感。他们害怕犯错误，并担心可能无法充分解决个案的诸多方面问题。本书认识到这项任务的复杂性，旨在使多样性变得“普通”，并为社会工作者提供一些有用的工具，帮助他们与服务对象合作，助益他们满足服务对象各个方面的需求。与本系列中的所有其他书一样，这是一个实用的文本，所用的材料来自使用数年的社会工作者培训课程。它启发读者拓宽思路思考这些议题，并与自身实践相联系，拓展新的思维和工作方式。

前言

> 如果你用一个人能理解的语言与他交谈，你的话将会进入他的大脑。如果你用他自己的语言与他交谈，你的话将会走入他的内心。
>
> 纳尔逊·曼德拉(Nelson Mandela)

这是一部展示社会工作者所服务社会的复杂性的著作。它探讨了“他者”的一些方面：一些人为何如此不同，以至于我们很难理解他们的行为动机。使用模型让这些不同被理解，而不需要归因于“人格冲突”或者文化差异。虽然本书主要针对实务工作者，但是督导、从事实务领域的教师以及评估员在将模型运用于探索工作者和服务对象之间的互动的时候，在鼓励实务工作者思考他们的文化如何影响他人的时候，也能发现本书的用处。注重多样性的良好做法本身就是很好的实践，因为大多数服务对象希望被界定为独特的人，社会工作者需要根据他们的个人经历开展工作。

没有多名同事的鼓励，本书是不可能完成的。其中包括已故的 Tony Morrison 博士鼓舞人心的领导，In-Trac 同事的建设性评论，以及 Alison Bishop 的技术支撑，Phil Taylor 介绍的荣格法和成为主流社会工作实践的 Myers-Briggs 类型指标，还有 Conroy Grizzle 开发的理解种族主义的模型。我们还要感谢许多使用这些模型进行培训并为他们的发展和完善做出贡献的实务工作者，以及多年来与我们一起工作的学生和实务工作者，他们已经了解了我们的想法。最后，还要感谢我们各自的伴侣 Mike 和 Peter，没有他们的支持，本书是不可能完成的。

目录

第一章

当前社会工作实践背景下的多样性

核心内容

- 多样性是一个广泛的主题，涉及机会平等、反压迫实践和反歧视实践。
- 社会工作者需要了解他们自己的偏见、刻板印象和观点以及这些对实务工作可能产生的影响。
- 为了与各种各样的服务对象有效地合作，需要承认他们可能经历的任何歧视和压迫。
- 权力会影响人们体验这个世界的方式，所以这是所有社会工作关系的重要组成部分。

引言

多样性(diversity)是一个重要而又难以谈论和论述的领域。它在许多人心中激起了强烈的情感，因为它涉及所有人的生活并让人产生共鸣。作为作者，无论我们写什么，都可能会因为我们的性别、种族、年龄、能力、教育背景和认知而产生偏见。然而，包括那些存在明显歧视的领域，我们选择了覆盖更广泛意义上的差异，以深化对差异的思考。当国家最低收养标准(DfE，2011)发布时，被表述为“促进积极的身份、潜力和重视多样性”的标准 2 传达出一种焦虑，认为这会削弱对传统的与压迫或歧视有关的领域的关注，然而，它似乎对个体的复杂性提供了一种更加整体和全面的认识。

本书试图通过一系列模型从多个不同视角探讨种族、文化和个体的多样性，其中一些模型被社会护理专业所熟知，但还有一些并非如此。本书将探讨影响我们感知他人方式的个人偏见，以及我们对个体、家庭、群体和社区差异做出判断所依据的一些价值观。本书还提供了理解多样性的模型，通过实践能积极影响与服务对象互动的质量。我们期望本书能有机会提供探索多样性的宏观图景，为读者提供实践社会工作的责任感和有效性的知识和意识。以这样的观点出发，即多样性是“我们所有不同的方式”(作者采取的方法)，以及“每个人都与其他任何人相似，与某些人相似，又不像任何人”(Kluckhohn 和 Murray 于 1948 年探索的概念)，我们会发现多样性特别关注中间部分——我们如何与他人相似又如何不同。

思考点

- 多样性对你意味着什么？
- 多样性的哪些方面对你特别重要，为什么？
- 你怎样向他人解释这些？
- 多样性的哪些方面还没有引起你太多关注？
- 你将如何利用本书培养自己在这一领域的知识和信心？

现在，你应该开始考虑你与他人在哪些方面存在不同，以及你怎样与他人产生联系。相对于人类整体的普遍性来说，社会更倾向于评估个体的特殊性，而其中一个非常重要的关键领域是文化的独特性。那些生活在以欧洲为中心的白人社会（即以自身价值观和做事方式来看待世界其他地方的社会）的人可能会贬低来自其他文化的同事和服务对象。这意味着，实务工作者有可能将自己的价值观和观点强加于自己的工作，并且如果不时刻警惕，就会忽视文化差异的存在。与此同时，如果社工不具备足够的知识和自信挑战服务对象的价值观，服务对象也可以将自己的价值观强行施加于社工（“在我们的文化中就是这样”）。经验表明，如果这些态度不受到挑战，就会导致一些危险的做法。为此，我们将描述几种允许我们评估个体与他人相似性和差异性的工具，与我们合作的人建立一个独特图景。但重要的是，我们要时刻牢记自己在多大程度上受到所生活社会的影响，以及如何不假思索地吸收了这一影响。

从历史角度看，各组织采取的做法包括推动反歧视实践、反压迫实践和机会平等，但它们之间的区别往往含糊不清，而且这些术语总是被毫无意义地交替使用。多样性是语言和行为领域之一，它对于预期、适当性以及易出错的程度可能产生混淆和大量焦虑。过去，地方当局一直强调不使用可能被视为冒犯的语言，比如“黑咖啡和白咖啡”，同时总是带着一种“政治正确性”的感觉，时常因为害怕出错而不敢说任何话。为了成为一个能够与弱势群体合作的积极组织，我们认为这种焦虑是无益的，它会导致产生戒备心理而限制沟通。我们需要的是对其他人的差异保持敏感，避免故意说或做任何不合适的事情。即使这样我们仍可能犯错。但如果我们随时准备向其他人解释我们的敏感性，在确实做错的时候道歉，并从这一经验中学习不同的事情，则不那么困难了。我们所谈论的是彼此尊重，考虑到差异，并花时间相互了解。这不是速成科学。本书旨在介绍一些关于如何更好地与他人合作，承认和重视价值差异的知识、信息和观点。

早期的机会平等主义或反种族主义训练经常被认为是对抗性的，使得一些白人、中产阶级和非残疾人感到自己好像是“有问题的”，他们是压迫者，且总是想当然地被视为最有权力的群体。从那以后，组织开始提供更积极的多样化培训，但这种情况也经常被质疑。一些组织的工作人员仅仅将多元化培训视为平等培训的“更新”版本，或只是跳入了政治正确性的潮流之中。

理解多样性概念及其与社会工作的相关性

识别并尊重多样性和个性是社会工作实践的基石。国际社会工作者联合会网站(2004)在其社会工作伦理学原则声明中指出：“识别多样性——社会工作者应该承认并尊重他们所在社会的种族和文化多样性，同时将个体、家庭、群体和社区差异性考虑在内。”

社会照料委员会(General Social Care Council，GSCC)《社会照料工作者实践守则》(*Code of Practice for Social Care Workers*，2010)在原则 1 中指出：

1.1 将每个人视为一个个体；

1.5 促进服务对象和照顾者的机会平等；

1.6 尊重不同文化和价值观的多样性。

这些是大多数社会工作者非常乐于支持的价值观，但在日常实践的压力下可能很难维护。重要的是要围绕多样性建立一系列概念框架，以便为服务对象提供多样化服务。

探索多样性的范围

适用于人的差异性的列表几乎是无穷无尽的，有必要对其中一些进行分类，这样我们就可以清楚地界定谈论的范围(表 1.1)。其中的很多特征可能出现在多个栏目中，但是我们尽量不频繁重复。

表 1.1 探索多样性的范围

主要特征	次要特征
当我们第一次见到某人时，以下特征立即可见： 男性/女性 大致年龄 肤色 高度 体重—与体型有关 可见的残疾 穿衣风格 身体标记(文身等) 装饰(首饰等)	当我们开始了解某人后可以见到的特征： 不可见的残疾(听力受损、学习障碍等) 语言 口音 个人偏好(请看第五章) 个人历史和成长经历
工作场所特征	**工作中可能运用于服务对象的特征**
以下是在工作场所影响我们的特征： 全职/兼职 等级地位 家庭护理责任 学习风格 工作动机	以下是与服务对象合作时可能需要考虑的特征： 养育/照顾方式 个人卫生状况 饮食 家中的清洁度 性别角色差异

我们观察并了解着每个个体的特征，这些特征影响我们对他人的第一反应；我们再根据对他人的了解调整自身反应。

思考点

- 你可以在每个格子中添加哪些其他特征？
- 某人的哪些特征可能会对你产生特别的影响？
- 你需要做些什么才能对这些特征更加敏感？

探索机会平等和多样性之间的异同非常重要。

机会平等

机会平等(equal opportunities)强调立法所覆盖的差异领域，这种差异比多样性的范围更为有限。2010 年的《平等法案》(*Equality Act*，2010)取代了先前的反歧视立法，并引入了新的保护和观念，要求对已经接受的做法进行重新思考。

2010年的《平等法案》涵盖了9项受保护特征(protected characteristic),这些特征不能用作不公平对待他人的理由。每个人都有一个或多个受保护的特征,因此该法案保护每一个人免受不公平对待。

受保护的特征如下:

- 性别;
- 人种(在法律上涵盖国籍、种族、肤色和文化);
- 残疾;
- 宗教或信仰;
- 年龄;
- 性取向;
- 性别重置;
- 婚姻和民事伴侣关系;
- 怀孕和生育。

机会平等是受外部驱动的,如果组织不遵守机会平等要求,就会产生相应的外部作用,并且伴随着法律诉讼。组织有权决定增加当前的受保护特征,但不能做得比这更少。即便如此,机会平等也有一些与多样性密切相关的明确陈述:

> 确保机会平等并不意味着所有儿童都得到同等待遇。但它确实意味着在多样性的基础上理解并敏锐地工作,以确定儿童及其家庭的特定问题,同时考虑到经历和家庭背景。(Department of Health、Department for Education and Employment & Home Office,2000:12)

多样性

多样性一直受到组织内部议程的推动,它源于商业案例,用于实现最好的劳动力和发挥员工的最佳水平。目前没有关于多样性的立法,因此如果没有价值就不会产生外部反应,但采用这种方法的组织是质量驱动且注重潜力的。这些组织往往想要成为雇员的首选,而且工作人员选择它是因为它能根据需求和每个人能够做出的贡献进行考量，非常灵活。

表 1.2 展示了机会平等和多样性之间的对比。

表 1.2　机会平等和多样性之间的对比

机　会　平　等	多　　样　　性
基于立法所涵盖的有限领域	涵盖差异的所有领域
外部发起—无论是否需要而强加于组织	内部驱动—仅在感兴趣的组织中发生
法律驱动—如果存在违规行为，则会产生法律后果	商业需求驱动—没有法律后果，仅仅是选择成为雇主的愿望
定量聚焦—会议目标或配额	定性聚焦—寻求最佳员工
问题中心—避免法律诉讼的威胁	机会导向—发挥员工的最佳水平
反应—遵循立法，做必要的事情并制定必要的政策框架	主动—积极主动地推动和重视所有贡献，并寻求扩大劳动力的多样性
涵盖受保护的特征	所有差异

国家社会工作职业标准（National Occupational Standards for Social Work）（TOPSS，2002）明确指出，社会工作者应该充分了解相关立法并挑战歧视性实践。社会工作价值观还要求承诺尊重差异，并有能力对所有多样性议题做出适当回应。

思考点

- 立法如何影响你的特定工作领域？
- 在你的工作中，有哪些领域可能需要特别注意多样性？

立法是社会工作的基础，然而，正如 Thompson 所说："一种狭隘的、法律主义的方法不可能有效地挑战歧视，因此它还不能被冠以'反歧视'的头衔。"（2011：90）在立法到实践的转变过程中，需要审查立法这一概念以及反压迫实践。

反歧视实践

反歧视实践（anti-discriminatory practice）这一概念来源于机会平等概

念，它承认某些群体由于个人和组织层面的歧视而没有获得平等机会。2010 年的《平等法案》在第二章中有更详细的论述，但支持反歧视实践的原则在社会工作价值观的发展中起着重要作用。这一原则来源于对某些人不享有与其他人相同的服务的认识，而这些服务往往是组织或社会的主流文化规范。在种族方面明确表达的一个例子是 McPherson 对 Stephen Lawrence 的死亡调查中定义的制度性种族主义：

因为肤色、文化或种族血统的不同，组织无法为人们提供适当而专业的服务。这种歧视可以在过程、态度和行为中被看到或被察觉。它通过无意的偏见、无知、无思想和种族主义的刻板印象而使少数民族人民处于不利地位。（McPherson，2001：28）

因此，反歧视实践的目的是：

- 提供不限制访问任何特定群体的服务；
- 在服务提供中挑战感知形式的歧视；
- 为所有人提供文化敏感性服务和实践。

反压迫实践

Thompson 指出，“歧视的主要结果之一就是压迫”（2011：90）。反压迫实践（anti-oppressive practice）源于对社会权力和不平等的分析，以及主导群体如何利用权力压迫他人以保持自己的地位。社会中的家庭结构、福利机构以及政治和法律制度等，都被用来维持当前的权力地位，并促使压迫永久化。

从社会工作视角来看，人们意识到社会控制措施在某些需要控制的“有问题的”群体中的使用是不成比例的，如对年轻的加勒比海非洲裔和亚裔男子过度使用拦截和搜查（stop and search）法规。人们还意识到政策和实践可以剥削人，或者增加不平等。

因此，反压迫实践的目标提升了以下实践立场：

- 尝试不滥用权力；
- 努力抵制其他地方滥用权力的行为；

- 努力赋权所有服务对象，协助他们掌控自己的生活。

权力——在社会工作中的运用

权力是社会工作者的职责所固有的。社会工作者通常被视为服务的“守门人”，他们有能力提供或保留日益稀缺的资源。在与服务对象的关系中，实务工作者拥有一定的权威，如建议将儿童从其父母身边带走，将精神病患者送往医院，或者建议年轻罪犯接受监禁刑罚等。这里有几种探索权力关系的模型。Thompson（2011）的“PCS 分析”模型是最常用和最有用的一种，它探讨了权力和机会的不平等在三个独立和相互关联的层面——个人（personal）、文化（cultural）和结构（structural）层面的运作。个人层面考虑的是个体的思想、感受和行为如何对不平等和压迫产生重大影响；文化层面涉及群体之间的共性、共识和一致性；结构层面包括当代社会秩序的各种社会、政治和经济方面的宏观影响和制约因素。

French 和 Raven（1959）界定了权力的不同来源，所有这些权力都与社会工作的实践有关，并影响着社会工作者和服务对象之间的关系。

1. 合法性（或地位性）权力

这是实务工作者在组织层级中的地位所赋予的正式权力，在处理与服务对象关系以及管理者处理与工作人员的关系时运用。角色赋予占用者行使权力的合法权利，并由该角色的边界定义。这可以在职称、制服、办公室徽章和地址的形成中显现。合法性权力产生遵守它并受其影响的义务。

合法性权力主要来自三方面：

- 社会、组织或团体的普遍价值观决定了什么是合法的，什么价值将被个体内化，例如，一些社会赋予老年人合法性权力；
- 人们可以从公认的社会结构中获得合法的权力，如公认的统治阶级；
- 成为强有力的人或团体的指定代理人或代表，如当选官员。

从社会工作的角度看，立法赋予个人代表社会行使控制行为的合法性权力。这些权力的范围，或者它们被使用的频率以及轻易程度经常被媒体误传，并被许多民众误解，如众所周知的在最轻微的挑衅中保护儿童的实践。

2. 奖赏性权力

奖赏性权力就像“胡萝卜加大棒”中的胡萝卜，这是个人在某程度上奖励他人遵从的能力，以及双方对此的认识程度。

奖赏不仅仅是经济上的，而且还包括援助、借贷、合作、信息共享、促进、认可、网络、联系、个人支持、有利工作、更多责任和新技术。服务对象必须重视奖赏才能使权力发挥效用，并且还必须相信实务工作者拥有权力，例如，去影响那些在资源分配方面有更高职位的人，或者让员工相信管理者可以影响晋升。权力追求者希望积累和控制所期望的组织资源，以便能够使用它们来换取合规和互惠的好处。

3. 强制性权力

这是“胡萝卜加大棒”中的大棒。如果有权力的人有能力对雇员、服务对象或任何“他人”进行制裁或惩罚，他们对于不想要的行为具有强制性的权力基础。

强制性权力是实施惩罚或惩罚性威胁的能力，以恐惧为基础。它将导致被动的遵守，从长远来看对组织有害，因为它损害了信任和合作的意愿，并产生了不信任和恐惧的气氛。它对服务对象也是有害的，因为这意味着他们更有可能被操纵并试图隐藏任何可能被认为鼓励使用强制性权力的行为。管理人员通过纪律程序、解雇威胁和工资支付来发挥强制性权力。实务工作者通过资源的区别使用或对特定群体采取更多惩罚性措施来运用权力。不遵守组织规则的人害怕遭受惩罚，比如按时上班，或者在老板出现时装作很忙的样子，这些都会产生表面上的良好行为。合规可能是即时的响应，但长期坚持则不太实际。

4. 专家权力

如果社工或服务对象认为一些人具有自己不具备的关键知识或专业技能，那么后者就会比前者更有权力。当专家做出的决定被证明是正确的时候，这一现象更为明显。对于他人的知识和专业技能的程度，我们是可以识别的。

为了积累专家权力，人们需要塑造成有经验和有能力的形象，避免做出轻率的决定，保持神秘感，并且永远不要让事情看起来很容易。他还需要被视为是可信和值得信赖的。信誉可能来自权力凭证的持有，如可以展示在办公室的证书或文凭等有形证据。建立专家权力的另一个例子是社会工作者在法庭环境中提供他们资格、经验及专业知识的详细信息。

5. 参照权力

这种权力源于个人品质和吸引力。在所有权力基础中，这是唯一一个与组织内部职位无关的。一个人感知到他人的权力是因为他们有吸引力，拥有理想的资源或个人特质。这种权力有时被称为“魅力型统治”。它成效显著，但如果不能被正确使用，可能危害无穷。

6. 信息权力

这是一种额外的权力，由 Buchanan 和 Huczynski(1991)共同提出。“信息就是力量”，是组织的生命线。它类似于专家权力，但被赋予该权力的人不是该领域的专家，而是拥有其他人没有的信息的人。使用信息力量的人需要在与信息流相关的网络中占有一席之地，如交易联盟，或者接收与处理信息的组织的特定部分。他需要参与到组织的内部与外部沟通之中。

组织内的权力结构不一定与正式的组织结构和资历相关联。权力的基础是重叠的，任何个体都可能拥有多种权力。

对社会工作和多样性的影响

当社会工作者和服务对象接触时，就会立即建立起权力关系，然而许多进入社会工作领域的人对他们在其角色中投入的权力感到不安。这可以通过尝试最小化固有权力来证明(“在这里我只是试图帮助你”，而不是“我来这是为了评估我是否需要对你的情况做些什么”)。或者，由于社工使用了他们个人偏好的阴影面(见第五章)，而且由于他们对此没有信心，所以以一种笨拙的方式使用它，这将可能导致他们以一种相当激进的方式行使权力。

赋权

在过去的二十年间，赋权(empowerment)成为社会工作中越来越重要的概念。尽管不同的人通过它来表达不同的内容，而且许多人还认为这一术语常常在没有得到充分理解或解释的情况下被引用。国际社会工作者联合会(International Federation of Social Workers，IFSW)对社会工作的定义包括“赋权、解放以增进福祉”(IFSW，2000)，其原则包括社会工作者有责任尊重服务对象的自决权和参与权，以某种方式使他们能够在影响他们生活的决策和行动的各个方面获得权力(IFSW，2004)。英国国家社会工作职业标准(TOPSS，2002)也明确规定，赋予个人、家庭、照顾者、团体和社区以权力，来表达他们的观点，并让他们在决策中加以考虑，这影响着所有社会工作实践的基础。在实践中，赋权是指服务对象有权选择和控制自己的生活，并被视为自己想要的生活和想实现的目标的专家。很少有人认为这是公平和可取的，因而许多服务对象和团体会为这不是他们的经验而争辩。

思考点

我参加过关于我儿子和女儿的会谈。那里有很多人，我不确定那地方叫什么，但那是我去过的最令人生畏的地方。他们只是谈论我(para 3.6，p.14)。

许多人神经紧张。(个案会议)将你推向边缘。我感到困惑，说不出话来。就像在梦中一样，一切都在进行，但你什么也做不了(para 3.6，p.15)。

我在会议之前遇到的那个人非常善良，但我并不真正理解她所说的话。

你不能抱怨，如果抱怨了，你将给他们(社会工作者)带来更多的麻烦，所以最好什么都不说。无论如何，没有人会听你的，因为你不是专业人士(para 3.7，p.16)。

如果他们很粗鲁而且不尊重人，令你觉得你在接受审判，你可以拒绝他们。人们需要得到支持与倾听(para 4.4，p.19)。

个案会议之后我去了另一个会谈，和那里的人谈了怎么帮助我和我的6个孩子。我感到终于有人理解我了。这次会谈为我们带来了一些好消息，我们得到了帮助。如果我知道我们最终会得到帮助的话，我可以克服所有这些困难(para 3.6，p.16)。

信任对于建立伙伴关系非常重要。我们要了解彼此的需要并共同努力(para 4.3，p.19)。

(Wiffin，2010)

- 对于服务对象在儿童保护系统中选择和控制的经历，以上这些引述能告诉你什么信息？
- 什么是反赋权？
- 什么是赋权？

那些认为自己毫无价值、愚蠢或不重要的人，那些对世界有负面评价的人，可能会发现很难将自己视为拥有专业技能的人，即使是在生活中，或者是在有信心有勇气前进并探索新领域且承担风险的时候。许多社会工作者所支持的人的自信心经常受到打压，经常遭受歧视和压迫，因而让他们自己赋权还需要时间和承诺。

思考点

她一开始便说，“我会对你诚实”，紧接着就是我们花了十分钟的时间检视家里出了什么问题。我很想说，“我会对你诚实”，但是我不能这么做，不是吗？所以我们都坐在那里，听听我们的家庭有多糟糕。但我想我不会告诉你任何事情，因为这是我唯一的权力。（Wiffin，2010：32）

- 你怎么知道这是不是发生在你身上的事情？
- 你如何应对这种情况的发生？
- 对于你和你的方法，如何让服务对象信服，从而请他们配合你？
- 你如何确保你在努力为服务对象赋权？

在成人服务中，赋权在考虑服务的获取和递送方法的选择上占有突出地位，即使这意味着允许服务对象做出服务提供者不同意的决定(DoH，2010)。

个性化护理适合所有人，但有些人需要比其他人更多的支持来选择他们的生活方式。每个人都有权获得个性化护理以及尽可能多的选择和控制。随着个性化步伐的加快，我们需要确保这包括我们社会中最脆弱的成员，包括那些可能缺乏有效个性化能力的人，帮他们管理风险，并尽可能安全地做出决策。明确和理解风险对于赋权服务对象和照顾者至关重要，要将人们视为“自己生活的专家”。（DoH，2010，sect.6.9）

世界观

“世界观”(story of the world)是McGuire(2000)描述认知图式的另一个更友好的术语。它是从我们的成长、文化、社会和观点发展而来的一系列信念，影响着我们对所有所见事物的态度、理解和回应。作为每个人与世界互动的起点，它构成了与个人合作的认知行为方法的基础。

思考表1.3中所列情况发生的时间及情境：

表1.3 练 习

有权力且舒适	有权力但不舒适
无权力但舒适	无权力且不舒适

- 什么使得舒适被接受?
- 什么使得不舒适变得困难?
- 这些与权力的水平有何关系?
- 你能选择舒适程度吗?
- 过去的哪些情况可能会影响你的舒适程度?

认知行为框架已广泛用于有精神健康问题的人群，最近还延伸到了犯罪救助领域，通过行为、思想和感受的三角关系及其内在关联方式得以运用。认知行为三角框架描绘了我们的“认知图示”或“世界观”——我们的教养方式、个人特征、社区、信仰和价值观。这些信念都会影响我们对世界的看法、解释和回应。作为社会工作者，服务持有不当“世界观”的家庭的时候，必须尽力理解他们的故事，重解、聚焦和重构故事，为他们的世界提供一个充满意义的不同故事。

思想、感受和行为是密不可分的，这是认知行为模型的基础，如果我们改变其中一个，将对其他部分产生影响。如图1.1所示，我们的行为和举止对周围人来说是可见的（在水平线以上），而我们的思想和感受是更大的部分，它是不可见的，在表面之下。一些认知行为治疗（cognitive behavioural therapy，CBT）的方法致力于改变影响思想和情感的行为，而其他方法从思想和情感入手，改变人们思考自身及其经历的方式，从而改变其行为。

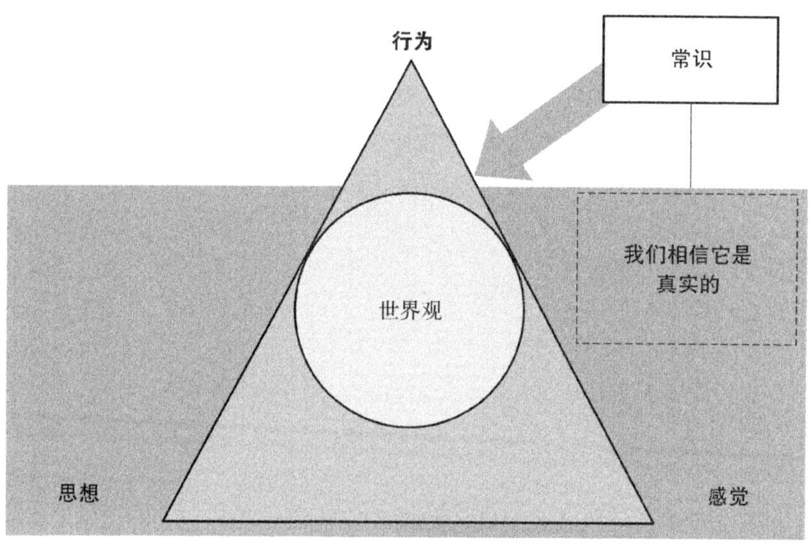

图 1.1　冰山模型和世界观

行为、思想和感受都与我们脑海中的世界观有关，它基于我们的家庭教养方式、社区意识、教育背景、朋辈群体、生存经验以及我们周围的所有外部压力。然后我们行动并回应“它们”，就像回应我们周围的其他人，好像这些观念是真实的一样。建立在信仰系统基础上的观念是最强大的，因为来自特定社区、学校、社会团体的许多人共同持有这一信仰系统。

许多服务对象认为他们“不重要”。他们生活艰难，有权威的人反对他们，坏事总发生在他们身上。许多年轻罪犯的共同点是，他们将暴力作为解决问题的方式，他们认为无论如何商店都有保险所以不会失去任何东西，并且他们有权利拥有“其他人”所拥有的东西。

案例研究

勉强独自照顾两个幼女多年后，Sally 最终同意当地政府照顾她严重残疾的大女儿 Ava。Sally 一直拒绝将女儿寄养，还威胁说，如果地方当局坚持要将 Ava 从紧急安置的短暂休息所带走，她要起诉他们。

多个社会工作者表示，他们发现 Sally 具有对抗性，难以介入。在短暂休息所中，她不受工作人员的欢迎，她不断地纠正工作人员，并坚持管理 Ava 定期所需的灌肠剂，而不允许工作人员插手。

最终，一名社会工作者取得了 Sally 的信任，使她坦言童年一再被继父强奸的经历，再加上之前的伴侣虐待 Ava 使她产生内疚感，造成了她的创伤。除此之外，对于残疾人的负面情绪也是由于童年时期可怕的事故造成的。这些经历加在一起使她不得不认为，一个人自愿养育残疾儿童的唯一原因是为了对他们进行性虐待，因此她拒绝为女儿考虑这种选择。

正是因为社会工作者认为 Sally 的行为有她自己的理由——这是她的“世界观”，而且社会工作者坚持不懈地揭示这是什么以及它如何影响 Sally 的行为和决定，在那之后，才有可能继续前进。

对服务对象的介入可以聚焦于行动、行为或者思想、感受来开启改变的进程。这项工作需要聚焦于某人的特殊事件、对自己的看法、对别人的看法以及他们如何看待作为社会工作者的你。这项工作感觉像在观念体系边缘轻轻地挑选，去质疑信仰，还要尽力理解这些信仰的基本原理。随后，社会工作者可以慢慢开始向服务对象展示世界的特别视角，在那里会是另一种景象。

思考点

- 如果你不得不描述你的“世界观”，你会怎么说呢？
- 你发现哪些影响因素有助于形成你的观念？
- 在什么情况下你的方法可能存在偏见而影响服务对象？

偏见

我们拥有的“世界观”导致了我们的偏见。关于偏见有许多不同的定义，但通常包含以下元素：

一种假设（没有知识基础，或基于部分知识，或有选择地使用知识），即使面对相反的证据也不太可能改变；

或者，

先入为主的偏好或想法。

我们的“世界观”形成自个人历史、生活经历和教育背景，进而有助于形成我们对他人的看法。我们对特定的人和群体都持有偏见，这取决于具体情况以及特定群体呈现给我们的是什么。服务过程中，我们尽力管理偏见以保持“专业性”，然而，有时保持这种立场是困难且苛刻的，需要一定的支持。

偏见的持续存在似乎有几个原因。显然，如果我们对特定的态度进行社会化，就更难忘记它们。虽然每一代的态度在不断变化，但我们仍然记得祖先告诉我们的观念，以及这些观念如何影响着我们对他人的潜意识反应。

仁慈的偏见

仁慈的偏见是一种表面上积极的偏见，表现为明显积极的信念和情绪反应。虽然这种偏见与某些群体关联性很好，但仍然会导致群体成员处于社会的劣势地位。(Whitley & Kite，2010)

因为一个人是残疾人，就认为他需要社会工作者的帮助或者他人的照顾，这是仁慈偏见的一个例子。尽管没有过分的敌意，但这种观点加剧了将残疾人排除在决定他们自己生活的可能性之外。在获得晋升机会方面他们也不那么有优势，因为他们被认为能力较弱(Staniland，2009)。还有明显的迹象表明，对残疾人脆弱性的看法可以在他们被定罪的过程中发挥作用(Sin et al.，2009)。

案例研究

Taylor 夫人，85 岁，独自生活，享受陪护人员每天三次的探访服务。她的孙女 Farmer 夫人致电值班经理要求重新评估她祖母的需求。学生社工 Philip 分配到了这项任务。在拜访 Taylor 夫人之前，Philip 与一名已经了解这个家庭的社工进行了交谈。这名社工告诉 Philip，Farmer 夫人多年来一直想“将她的祖母送进养老院”，但是 Taylor 夫人想留在自己家中。她暗示 Philip 要坚决抵制这一点。

在评估家访过程中，Farmer 夫人列出了所有她祖母生活无法自理的理由。整个家访过程中 Taylor 夫人话不多，但 Philip 感到正如同工所说，Farmer 夫人一直在想把 Taylor 夫人送进养老院。

直到后来 Philip 才发现 Taylor 夫人拒绝了社工的支持，并表示她可以照顾自己，不需要他们。显然实际情况并非如此。她没有按时进食，经常错过服药时间，因无法上楼睡觉而整晚坐在椅子上。她谈及孤独和害怕。她最近还忘记关浴室的水龙头，这导致屋内漏水，损坏了天花板、地毯和家具。

下面这些人的偏见在这其中扮演了什么角色：

- Taylor 夫人对于社会工作者以及他们需要提供什么的偏见；
- Farmer 夫人对于社会工作者以及他们应该做些什么的偏见；
- 之前 Philip 咨询的社工对 Farmer 夫人和 Taylor 夫人所抱持的观点；
- Philip 对于所有方面的偏见。

刻板印象

刻板印象是将具有特定的特征的人群归为一类的快捷方法。我们可以认识到该群体的共性以及使他们归为一组的一些特征，包括衣着风格、生活方式等。我们可能很乐意接受对社会工作者或律师的既有观念，然而，对另一些人却相对难以接受，比如同性恋者、精神健康障碍者或者服务对象，特别是他们所暗示的负面内涵。

思考点

在一次训练中，参与者被问到这样的问题：如果社会工作者、医生、健康顾问和警察是一件家居用品，他们分别是什么以及为什么？这导致了一场激烈的辩论，其间提出了许多与这些群体有关的定型观念。例如，社会工作者被描绘成一个装满脏衣服的洗衣桶，这些脏衣服等待被洗净并风干，然后准备再穿；医生被描绘成一台计算机，“知识渊博且客观”；而儿科顾问医师则是长盒钟，“装饰性强但对于普通家庭来说有点‘豪华’，它实际上只做与手表相同的工作，而且手表占地更小”。

另一个练习的使用树木的类型做比喻。这次，警察像橡树一样坚实可靠，“你可以隐藏并在其树枝中保持安全”；社会工作者是垂柳，“柔软而柔韧，随风而变，一般来说都是‘软弱无力’的”。

- 你对不同行业的从业人员有什么样的刻板印象？
- 不同行业的从业人员对你有什么刻板印象？
- 这些如何影响你的多学科工作？

作为理解信息和决策的一种手段，刻板印象是有用的。然而，如果只看到与刻板印象相关的特征而不是整个人，则会产生一些负面影响。例如，如果被贴上妓女的标签，可能的结果是这个人将只被视为性工作者，她的生活、人际交往等方面都会被忽略。这一点在有关女性性工作者谋杀案的媒体报道中尤为明显。许多青少年犯罪工作团队成员已经对目前将年轻人标签为“罪犯”的趋势感到沮丧。他们可能犯了罪，但不仅仅只是一个罪犯。

刻板印象可能会让我们认为多数人的观点是正确的，但事实可能并非如此。它们会指向一些假设，这些假设如果不经测试可能会产生危险。比如，因为感到患有精神健康疾病的人更有暴力倾向而隔离他们，即使这不是真的。Laming 在他关于 Victoria Climbié 的死亡报告中评论了影响与 Victoria 的实践工作的刻板印象，包括对非裔加勒比家庭关系的假设，以及“在非洲长大的孩子可能比在欧洲长大的孩子身上有更多的文身”(2003：345)这样的假设。另一个普遍持有的刻板印象是吉卜赛人很脏，他们的居住地一团糟。然而，许多吉卜赛人生活在完美无瑕、高度抛光和装饰华丽的大篷车中，并且非常关心自己生活环境的干净和整洁。

刻板印象可能会导致我们根据群体的特征对任何个人做出假设，例如，因为某人是残疾人，就认为他是脆弱的。最近的几项研究(例如：Sin et al.，2009；Quarmby，2008；Mencap，2007)突出了经历过针对性暴力和敌意的残疾人的数量，然而许多残疾人过着积极而充实的生活且不会将自己视为弱势群体。媒体对刻板印象也存在鼓励的现象，预设青少年会出现问题行为，创造出失控的“穿帽衫者”的形象。

然后，我们可以表现得就像刻板印象是真的而没有被发现一样，假设所有父亲在抚养子女方面的作用都不如母亲，养育残疾儿童是一种负担，或者生活在年迈父母身边的成年女儿需要承担起照顾老人的角色。当刻板印象受到它们产生的背景的影响时，这种情况的出现尤为真实。社会工作者可能不会对他们的朋友、同工或邻居抱有这些刻板印象，但却会在工作环境中陷入其中。

案例研究

我是黑人，年轻且育有5个孩子。社会工作者上门拜访，她猜测我的5个孩子有不同的父亲。她惊讶于事实并非如此。她持有这样的刻板印象和观点，甚至她自己都没有意识到。（Wiffin，2010：32）

刻板印象可以是一种自我实现的预言，人们可能只会以特定的方式表现刻板印象。比如男同性恋是“娘娘腔的”，因为刻板印象的存在向他们表明这是一种适当的行为方式，但这否定了真正拥有这种特点的人的可能性，这种刻板印象可能正适合他们。

有些人可能会表现出符合刻板印象的特征，以传达关于他们自己的东西或他们希望别人相信的东西。例如，那些剃光头和展示文身的人是为了传达出他们很坚强的信息。其他人可能会以一种刻板的穿衣风格来传达关于他们自己的信息，用挑衅的穿着暗示自己的性能力，或者用“强势穿着”以展现自信和有能力。当然，这些推论可能是真的，也可能不是真的。

刻板印象，尤其是消极的刻板印象抵制变革。即使有明显的反例存在也依旧如此。玛格丽特·撒切尔（Margaret Thatcher）就是个明显的例子，尽管她成为首相，也未能改变多数人对女性任高职能力的看法，因为她实际上是被当成男性一样对待。

反思刻板印象

- 苏格兰人是卑鄙的。
- 超重的人很懒。
- 红头发的人脾气暴躁。
- 婆婆很可怕而且爱管闲事。
- 埃塞克斯的金发女人是迟钝的。
- 罗威纳犬（或其主人）是恶毒的。
- 加勒比人不守时。

1. 你对上述刻板印象的回应是什么？

2. 你是否对其中几条刻板印象的回应比别的多？如果真的如此，你为什么会这么想呢？

3. 哪些刻板印象让你生气？为什么？

许多刻板印象仍然普遍被使用，除了一些不适合它的个例，它们可被称为诸多恶搞笑话的基础。

改变刻板印象有一些方法。《英国社会心理学杂志》(*British Journal of Social Psychology*)(Haslam et al., 1996)报道的一项研究讨论了“参考信息的影响”。这激励他们认同团体中其他成员的信念，因此如果群体内的某个人提出了一个大多数人似乎同意的刻板印象的替代方案，那么刻板印象将逐渐被他们所认同的群体规范所取代。

思考点

- 你对个人或群体有什么刻板印象？
- 当你听到以下内容时，你的第一反应是什么？
  - 享受福利者；
  - 离婚者；
  - 避难者；
  - 长期失业者。
- 这些刻板印象是如何影响你的工作的？

这是针对儿童评估框架(Assessment Framework for Children)(Department of Health、Department for Education and Employment & Home Office, 2000: 26－27)中所有这些的重要性的提醒，其中社工需要避免：

- 用一套文化假设和刻板印象来了解孩子和家庭的情况；
- 对群体内部和个体之间的种族和文化差异不敏感；
- 在没有证据的情况下做出无理的假设；
- 在个人对公共服务的反应中没有考虑任何受歧视经历；
- 没有考虑到阻碍残疾人家庭融入社会的障碍；
- 在没有向儿童和家庭成员确认的情况下为信息附加意义。

政治正确性

“政治正确性”真的存在吗？这是被抛出的惯用语之一，通常带有消极的或贬义的语气，暗示对使用特定语言或行为的批评，或者不建议使用这些语言。

“政治正确性”（political correctness）有两个组成部分。

语言被标记为“政治正确”，通常是因为使用该术语的人从他们的角度看不出语言使用的特别之处。改变字词或接受不使用特定语句的建议被视为微不足道、不必要或迂腐。有时情况可能确实如此，但通常会有充分的理由说明为什么不该使用某些语言，而且拥有一种从他人的角度来思考问题的敏感性是很重要的。

比如，有些人对“黑色”（black）这个词被用于任何负面的东西感到不安。举个例子，当英镑被迫退出欧洲货币体系时，这天被称为“黑色星期三”。然而经济体系中，“黑色”（in the black）表示守信，财务状况良好；“赤字”（in the red）表示陷入财务困境之中。那为什么不是“红色星期三”？这是因为，其他人并不认为使用“黑色”表达消极意义这一点有什么问题。无论如何，个人感知才是重要的。

另一个更为轻松的例子是，一个足球俱乐部的支持者称另一个足球俱乐部的支持者为“丁格尔斯”（dingles）。初次听到这个词时，在没有了解任何关于它的起源或内涵的情况下，它看起来非常甜蜜而无害。它来自电视剧《风流劫》（*Emmerdale*），并且以一种不太讨人喜欢的方式指代一个特别的家庭。只有在特定语境下它才被视为贬义和侮辱。“巴基斯坦佬”（Paki）一词的使用同样如此。许多人仍然认为它只用来描述来自巴基斯坦的人，然而该术语的贬义使用意味着它不可能是个中性词，而总是带有负面含义。

还有一个例子是目前被一些群体使用的语句，“太同志了”（that's so gay）用于描述一些无用、错误或消极的东西。有些人会认为它是无害的，然而，许多人会认为它带有歧视同性恋的意味，是贬低和冒犯。

提及残疾人时使用的语言也很好地说明了这一点。过去用于描述具有特定障碍的人的许多术语后来被一些人用作侮辱。例如，“你反应迟钝”（you're such a retard）或者“你是笨蛋”（you spaz）。我们每天都能听到这类语言。“太蹩脚了”（that's so lame）用来描述负面或无用的东西，“目光短浅”（that's so short-sighted of you），“充耳不闻”（turning a deaf ear /blind eye），“他或她有什么问题”（what's wrong with him or her），所有这些都以负面的方式提到残疾。在挑战这些语言时，我们可能会被指责为过于敏感。然而，语言的重要性就在于突出对差异的感受，其中包括无意识的感受。经常接触这类语言会使残疾人的生活或经历贬值，对社会中的残疾人和非残疾人产生负面影响。

对“政治正确性”的另一种用法是指责一个含糊不清的“他们”(they)对禁止使用的某些词或语句负责。“他们”说我们不能谈论黑咖啡或唱“咩咩黑绵羊”(Baa baa black sheep)。组织中员工面临的一个重大问题是对什么可以说、什么不能说的信念。语言是一种动态的社会建构，这表明社工需要警惕目前什么是可接受的语言，对象是谁以及在什么情况下。而且可接受也是动态发展的过程。从一个人的角度来看是政治不正确的事情，在另一个人看来可能还好，这也是随时间而改变的。这鼓励社工通过讨论而不是通过规则来探索他人是否能接受。

举个例子，当我们谈论被称为传统圣诞灯的“冬日灯”(winter lights)时，有些人认为这是过度的政治正确性，因为这对他们来说就好像在否认基督徒的庆祝活动。如果情况确实如此，那么它可能在政治上是正确的，但如果它是为了包容性的愿望，涵盖其他宗教庆典，如犹太人的光明节，则可能是个恰当的用词。

通常情况下，我们对所生活的社会了解不多。我们生活在媒体构筑的半真实之中，还有那些围绕在我们身旁的、似真似假的“常识”。

思考点

- 当有人因为“政治正确性”指责你只说或做某事时，你如何回应？
- 你如何在没有防御性的情况下为自己辩护？
- 在什么情况下，你会发现更难给出有效的回应？

结论

多样性是一个复杂且情绪化的主题，重要的是要增加对他人的了解，同时有信心去公开地探索一系列差异，并且如果你“涉足其中”，不要带着防御心，或者无法为自己的错误道歉。本章为当前的社会工作实践提供了背景，并介绍了随后将建立的模型的基础。正如 Thompson 的有力表述：

> 不考虑压迫的实践以及产生的歧视，无论在其他方面有多高的标准，都不能被视为是良好的做法。例如，一项对残疾人的干预，没有意识到社会中

残疾人的边缘化地位，其中蕴藏的风险远大于所提供的服务。(2006：15)

本章中有待与你的督导讨论的议题

- 作为一名社会工作者，你认为自己哪些个人特征很重要？
- 你哪方面的“世界观”会影响你的工作方式？
- 你对权力的态度是什么？作为一名社会工作者如何运用它？
- 你拥有的可能有用的偏见和刻板印象有哪些？

拓展阅读[①]

Bower, M. (1996) *The Will to Manage: Corporate Success Through Programmed Management.* New York, NY: McGraw-Hill

Department of Health (2010) *A Vision for Adult Social Care.* London: DoH.

Home Office (2000) *The McPherson Report into the Death of Stephen Lawrence.* London: HMSO.

Howe, D. (1993) *On Being a Client: Understanding the Process of Counselling and Psychotherapy.* London: Sage.

Howe, D. (2008) *The Emotionally Intelligent Social Worker.* Basingstoke: Palgrave Macmillan.

International Federation of Social Workers website (2004) Ethics in Social Work, Statement of Principles. London: IFSW.

Jandt, F.E. (2001) *Intercultural Communication.* Thousand Oaks, CA: Sage.

Lago, C. (in collaboration with Thompson, J.) (1996) *Race, Culture and Counselling.* Philadelphia: Open University Press.

Laming, H. (2009) *The Protection of Children in England: A Progress Report.* London: HMSO.

McGuire, J. (ed.) (1995) *What Works: Reducing Reoffending Guidelines from Research and Practice.* Chichester: Wiley.

McPherson, W. (1999) *The Stephen Lawrence Inquiry,* Cm 4262. London: Stationery Office.

Thompson, N. (2003) *Promoting Equality: Challenging Discrimination and Oppression.* London: Palgrave Macmillan.

Thompson, N. (2011) *Promoting Equality: Working with Diversity and Difference.* Basingstoke: Palgrave Macmillan.

Wiffin, J. (2010) *Family Perspectives on Safeguarding and on Relationships with Children's Services.* London: Office of the Children's Commissioner.

① 为方便读者查阅，本书按原版复制拓展阅读内容，以后各章同此。

第二章

歧视理解模型

核心内容

- 压迫性行为和语言产生的动机不尽相同，往往难以辨别。
- 了解这些动机能够让我们做出最合适的回应。
- 重要的是要辨别为什么行为和语言可能被他人视为具有攻击性。

引言

古往今来，性别和种族这两个主题一直引领着对多样性的讨论。对作者来说，歧视他人以及人与人之间相互歧视会产生一定影响，而种族一直是鉴别这种影响的“第一要素”。近年来，随着英国实施人权立法，其他形式的歧视开始受到更多的关注。作者发现，与同事共同开发的一种模型可以研究种族主义的复杂性，帮助专业人员了解种族主义在社会和它们自身的组织中有何表现，从而应用于其他形式的歧视。该模型对某些形式的歧视效果显著，对其他的则不尽然，但对于普及应用大有助益。因此，本章将从探索种族主义开始，然后接着探讨其他话题。

种族通常是社会工作者非常关注的一块领域。与来自其他文化和种族群体的人一起工作时，实务工作者感到疑惑不解、信心不足，一系列反应都表明了这一点。对于来自少数民族的服务对象的陈述，社工可能不愿意质疑和诘问，部分是因为他们担心自己会显得对这种文化无知，还有一部分是因为他们担心会破坏工作关系。在任何专业的社会照料环境中讨论多样性，工作人员都会对有关种族的讨论表现得疑惑不解、惶惶不安，尽管其他更便于讨论的话题，比如性别(更大程度上)和残疾等，也提出了许多相同的问题。

语言的使用是一个普遍的难题。“不许再说那个了”，“我不知道我能说什么，所以我什么都不说”，或者“无论我说什么都是错的”，这些都是工作人员在谈论种族时私下说的话。过去，在性别方面存在类似的语言禁忌，而女性主义往往被指责是患有“我们不能说那个”综合征。虽然当时会感到不舒服，但这些受到认可的语言禁忌确实引导了有益的讨论和争辩，最终引导我们学习并加深了对语言影响行为的重要性的理解。

对许多人来说，部分困难在于他人理解并解释不恰当评论的方式，他们受到挑战的行为，以及达成一个成功的解决方案的途径。通常，对于被指责是种族主义者时，大多数人的反应是，“我只是说……”，而且这个评论本身可能对许多人来说无伤大雅。有时情况显示，虽然发表评论的人可能只是一次“只是说说”，但听者可能听过了多次人们“只是说说”的那种评论。因此，本来可能笑过就忘或忽视的事情，现在变得不容忽视。我们中有许多人可以接受一段时间的玩笑，但当不断被取笑时，我们就会变得越来越敏感，最后便会反抗。如果我们反抗的人只是第一次这样说，他们就会惊慌失措，对因他们小小的评论而引起的反抗（正如他们所见）猝不及防。另一个困难就是，某些人可以接受的事情，对一些人来说却是完全不可接受的，甚至是煽动性的，所以其他人的反应会是：“好吧，我怎么知道他们会对那件事如此敏感？”

思考点

- 你的生活中是否有某一方面正在被或已经被取笑过，从而让你感到非常警惕？
- 可接受和不可接受的玩笑之间有什么区别？
- 你会怎么向其他人解释这个爆发点？

由于语言是社会建构而成的，因此术语（terms）在不同时代的接受程度必然会有所不同。20 世纪 20 年代和 30 年代出生的人，无论是黑人还是白人，都非常喜欢用“有色人种”（coloured）这一术语来描述黑人。那一代的黑人说过，相较于大多数被冠上的名字，这个术语更容易接受得多，他们认为这个称呼是礼貌的。但年轻一代的黑人非常坚定地说他们的皮肤不是“有色的”，所以这个词是不可接受的。因此，许多担心犯错的社工因为害怕被视为种族主义者，在工作环境中的默认立场是对此不发表任何言论。目前常用的术语是“黑人和少数族裔”（black and minority ethnic），通常缩写为 BME，但这个术语依然难以投入使用，得不到广泛认可，虽然有时感觉还是个不错的选择。

种族主义

种族主义是一种信仰，相信一些种族的人天生高人一等，在实际应用中被更充分地定义为：

……一种社会产物，一种用假设的生物类别划分人类从而理解世界的方式。然而，人们并不认为这些分类不偏不倚或价值中立。相反，我们遇到的是种族群体的等级制度，其中白人群体地位高于黑人群体(Pilkington，2003)。正是这种观念带来了种族主义，即通过个人(P)、文化(C)和结构(S)三个层面出现的歧视过程对某些群体进行体制压迫。(Thompson，2011：104)

第一章对这种 PCS 模型进行了解释，在 Thompson(1998，2001，2011)的书中也有详细的描述。

人们对“种族主义者”(racist)和“种族主义”(racism)这两个词有着两种截然不同的解释，对它们的用法也因人而异。在法律上，“种族”(race)概念包括肤色、文化、种族渊源和国籍。在如今众所周知的缓刑服务“面向种族平等”(2000：142)的 HMIP 检查报告中，一位工作人员声称，被称为种族主义者“比被称为无能更糟糕”，这种言论证实了“种族”这一标签的严重性。

在实践中，至少三个不同的维度被确定下来：法律、意识形态和文化。Conroy Grizzle 设计出一种解释这三个维度间相互关系的模型(图 2.1)。该模型已投入使用，用来培训数百名员工，尤其适用于缓刑服务领域，也用于其他公共和私营部门组织。另外，有实务工作者报告说，此模型有助于了解可能出现的情况，以及如何与同工和服务对象有效合作。

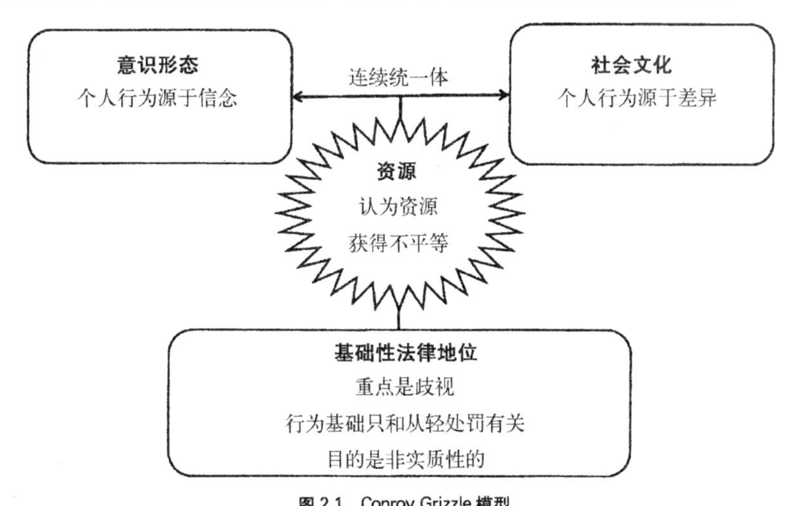

图 2.1 Conroy Grizzle 模型

基础性法律地位

第一个维度是法律。所有平等法律执行的目标是实现公平。在处理种族主义主张时，不管是法院处理因为种族加重罪行的案件，还是就业法庭处理工作场所问题案件，他们都对此种行为和所谓的评论背后的意图毫不关心。他们采取的简单方法是："你说了或你做了，还是你没说或你没做？"只有在判决从轻处罚的问题时，行动背后的目的才会变得有意义。立法中的关键术语是歧视。

歧视

歧视是立法的基线，清楚了解实际应用中不同术语的使用、定义及内含会大有裨益(见图 2.2)。

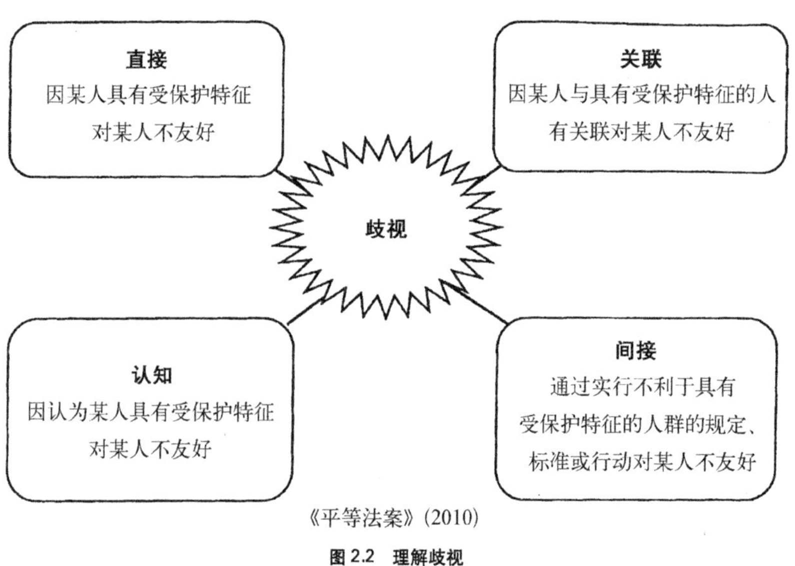

图 2.2 理解歧视

直接歧视

2010 年的《平等法案》将直接歧视描述为：相比于其他人，因某人具有受保护特征而对某人不友好。这些受保护特征已经在第一章中明确说明过。所有反歧视法都规定，直接歧视是非法的。该立法此前覆盖种族、残疾和性别领域，之后延伸到宗教或信仰、性取向、年龄和性别重置，现如今已延伸至怀孕和生育领域。

关联歧视

关联歧视是因某人与另一个具有受保护特征的人有联系，从而直接歧视某人。例如，一名雇员被拒绝晋升，原因是其母亲最近中风，公司认为这名员工要负责照顾母亲，因此专心工作的时间会更少。这可能就是由于她与残疾人员之间有联系而产生的关联歧视。

认知歧视

认知歧视是因觉得某人具有某一特定的受保护特征而直接歧视某人。即使此人实际上并不具备该特征，情况还依然如此。例如，一位雇员经验丰富，但看起来比实际年龄年轻得多，别人就会认为这人看起来太年轻，不具备相关经验，从而不能代表公司出席高级别会议。他因被认为具有受保护特征而受到歧视。

间接歧视

通过施行适用于每个人但对具有受保护特性的人群特别不利的条件、规则、政策甚至行动，从而对某人不友好，这就是间接歧视。例如，要求求职者具有一定年限的工作经验，可能就是对职业中断过的女性的间接歧视。

关于这些定义有三个关键问题：受保护者、比较对象和职业要求。

1. 法律规定只有具有受保护特征的人才享有法律保护（除了通过关联或认知——见下文）。

雇主可能且确实一直有歧视行为，例如，在选择具有一项以上特定类型经验的员工时，他们不会选年长者，只会选年轻人（基于年龄的歧视），因为他们不清楚自己应该基于经验水平而不是年龄进行选择。

除了这些受保护的群体之外，歧视本身并不是非法的。但是，如果一个特殊组织制定政策，列出了其他受保护群体，那这些群体也会受保护。有时，这还包括对工会成员的保护。然而，一些组织又会说“或因任何其他不正当的理由”这样的话，尽管动机可能是好的，但这让他们陷入“听天由命”的困境中，因为如果受到质疑，就必须全面探讨构成不正当理由的内容是什么。

思考点

- 你的机构中的机会平等和多样性政策包括哪些内容？
- 你的机构中的新成员如何在初期实践中享受这些政策？
- 这些政策对你的日常工作有何影响？

2. 必须有比较对象：与对其他人的态度相比，该组织对某人更不友好。

就业法庭的举证责任现已改为组织必须证明没有出现歧视，而不是受雇者证明确实不存在歧视，这意味着他们必须提供他们的比较对象。一名黑人妇女因种族歧视向就业法庭起诉一家公司，该公司胜诉，理由是他们对该妇女的态度同对待其他人一样。他们对待所有的员工都很严格。

3. 必须要有职业要求。

这一点非常重要，因为在严格限制的条件下，每条反歧视的法规都允许将某份工作限定在属于受保护群体的人身上，这可以证明这种歧视是必要的。举一个例子来说，有时我们可能需要雇用一名女性员工，在为逃离家庭暴力的妇女提供的妇女避难所工作，或寻找会说某种特殊语言的人。

在确定职业要求时，组织必须万分小心，因为这些要求需要公开接受质疑。如果职业要求违反了一般的不歧视原则，将由仲裁法庭进行正式解释，还需要组织证实，这些要求通常只在非常有限的情况下才被允许。

正面歧视是另一个可能造成混淆的术语。在 2010 年的法案颁布之前，正面歧视在英国内陆是非法的，而且这种新情况尚未经过法律的检验。正面歧视就是给予优待，例如，因为一个人的种族、性别、宗教、性倾向等而向他提供工作。这种歧视不是基于真正的职业要求。目前法律规定，如果两个人在招聘过程中所展现的能力完全相同，那么雇主可以选择来自弱势群体的那个人，尽管执行这条法律的方法尚待法庭检验。

正面歧视意味着从正面支持弱势群体的一种政策或行动。许多劳动者认为存在一种配额制度，某些人因为来自弱势群体，就获得了工作。这常常造成他人对这个人的不满。

虽然歧视的具体操作涉及就业法，但它对提供服务同样具有影响。服务对象是否会因为受保护而成为歧视的主要对象，并且遭遇偏见，从而受到更不友好的对待？通过真正理解歧视，实务工作者可以更加自信地应对歧视所带来的挑战。歧视让实务工作者反思："我是否会因为任何特殊特征，用特殊的方式处理这些服务对象？"

实际应用

回到已发表的评论或发生的行为，就业法和犯罪法中都会出现的事情是，如果被调查的人发表不适当的言论或者其行为受到质疑，并且他们承认确实说过或做过，或者被发现说过或做过，首席陪审团或法院可以宣布其是种族主义者。被指控的人通常想否认他们是"种族主义者"，要求被从轻处罚，并声称"我只是说了或做了……"，这将落入"基本归因错误"的类别（Munro，2008），并认为其他人的行为是由于内在的人格特质，而我们自己的行为是由环境因素造成的。这些评判认为，个人的态度和信仰存在错误，需要解决，而被告人认为事件是由环境煽动、挑衅或触发的——这意味着他们的行为在这些特殊情况下是合理的。

然而，法律对人们犯错的诱因毫不关心。法律只是试图解决犯罪时的实际行为。因此，法律并不区分表达出的社会态度和经常隐藏的意识形态。

被告人可能会接受他们的行为，但不能接受由于这些行为而被赋予的标签，因为这个标签隐含着潜在信息。进一步探索前面所提到的模型可以让我们看到"种族主义者"一词的不同含义，以及为什么这个词令人如此不满。

思考点

有研究数据表明，对国际招募护士（internationally recruited nurses,

IRN)的种族主义态度和种族主义行为是出于对肤色、种族渊源和国籍的种族主义信仰。这暗示着种族主义意识形态与个人偏见之间的关系需要进一步的探究，因为现有证据似乎不足以论证种族主义意识形态本身会产生社会排斥和歧视，或者种族主义者个人会导致制度内的种族主义。(Allen et al., 2004)

- 你认为这对国际招募的社会工作者有多大影响?
- 你认为哪些因素会影响对海外招募人员的态度?
- 你认为这对从海外招募的社会工作者会有何影响? 你认为他们对自己的经历会有什么看法?

意识形态

回到前面提到的模型，那些信仰体系经过深思熟虑的人，处于社会—意识形态连续统一体的意识形态端，凭此人们认为这群人高人一等，从而导致了他们的行为也是如此。由于相信雅利安种族高人一等，在过去不久，这些信念已经在德国纳粹的种族意识中起了作用。他们将雅利安种族，尤其是北欧人解释为非犹太高加索人——意为优等种族的一部分。他们认为这些人本质上比非雅利安人更高一等，尤其是欧洲范围内的犹太人和罗姆人(吉卜赛人)。

由于种族隔离政策，以及美国的本土化方式，同时由于南非南部各州黑人和白人的分化，南非信奉白人的优越性地位。浅肤色的人更加高人一等。于是“有色人种”这一术语开始广泛使用。在南非，这一术语是指欧洲(白人)和非洲(黑人)混血或亚洲血统的人。英国人认为该术语具有攻击性，但第二次世界大战期间生活在英国的那一代人，无论是黑人还是白人，都很认同这个词。但是许多黑人更倾向于使用其他可能用在他们身上的术语，而不是用“有色人种”一词。白人的优越性地位仍然铭刻在多国人民的心里。尽管欧洲人有晒成古铜色的愿望，但在非洲、印度、中国和加勒比的许多地区，皮肤美白仍十分受人追捧。

在英国的民族阵线和英国国家党，还有最近的英国民族主义联盟和英国防守联盟中，存在着一些种族意识形态。他们的信仰体系经常引起媒体的注意，并且能够影响多数人的社会态度。David Copeland（1999 年他在伦敦苏活区的邓肯海军上将酒吧引爆了长钉炸弹）等犯罪分子将这些信仰付诸行动，他们将矛头非常明确地指向黑人（对他来说，也包括同性恋者）。

大部分理解这个模式的来自少数族裔的人都会承认，他们在生活中极少遇到意识形态种族主义者，但是如果他们确实遇到一个这样的人，就会产生强烈的心理不适。然而，显而易见的是，对于与一些社会最弱势人群打交道的社工来说，一些服务对象已经接受了这种意识形态。管理人员需要认识到，如果一位少数族裔的社会工作者到一个种族关系显然处于紧张状态的地区进行访问，试图与服务对象就儿童保护等敏感问题进行接洽，就会纯粹因为肤色而受到攻击。然而，由于对种族的态度所激发的反抗随时随地都有可能发生，在出乎意料的情况下则更令人震惊。

思考点

- 为什么人们会赞同某一种意识形态（如种族隔离或纳粹政权）？
- 站出来反对这些信仰体系有多难？
- 这两种意识形态如何影响当前人们对待“他人”的方式？

社会

支撑社会端这一维度的信念是，人们基本上是以“部落”为单位聚集在一起的，并且认为我们的“部落”是正确的，但“他们”是另一个“部落”，无论他们可能是谁，都是不正确的。“他们”可能是隔壁村庄的人，隔壁庄园的人，另一个学校的人，另一个团队的人，或者其他任何被标记为“不是我们”的人。来自“那里”的个人可能还行，可以接受，但我们不能接受“他们”作为一个团体。他们对我们是一种威胁，我们是否感觉更好，取决于我们如何定位自己与他们的关系。被问到这类问题的大多数人都可以回想起学校之间的竞争，以及学生们对另外一个学校孩子的惯常评价，甚至还有不同足球俱乐部支持者互相之间的戏谑。

这些群体之间的敌意可能相当肤浅。为了感觉像我们中的一分子，我们必须和他们有差别，而这种差异往往必须是最明显的。他们可能穿着不同的足球队球衣，有不同的着装风格，或者有不同的肤色。在这个连续统一体的社会端，人们对自己和对他人的态度有不同程度的认识。大多数时候，人们认为自己是非种族主义者，经常说自己对每个人都一视同仁，但是一旦被某种事物刺激，就可能会出现种族主义言论。

人们常说“我不是种族主义者……”，这句话常常表明这些人“只是”反映他们的社会态度，不会接受空想家的分裂主义或至上主义信仰。种族主义者就是“他们其中之一”，是接受了这种意识形态的某人，“我只是表达了我所处的社会团体和朋友们的观点”。“我最好的朋友中有一个是黑人”，过去这句话常常引起培训师、社会工作者和同工的焦虑，但这实际上是一个很好的指标，表明这个人更有可能处于连续统一体的社会端。意识形态种族主义者完全不可能有来自少数族裔的朋友。

思考点

- 是否有一些群体，你认为他们是“不同”的？用上面提到的社会差异进行解释，如来自该国的不同地区、来自不同的体育团体等。
- 这些差异被表述为什么内容(即使只是以开玩笑的方式)？
- 支持这些评论或玩笑有多容易？
- 是什么让这进一步演变为种族主义？

连续统一体

在社会和意识形态两端之间，可能有一个连续统一体，因为人们的经历和所处的环境性质，人们可以顺着这个连续统一体，从一般的关于“我们”是谁的社会态度，转变成对那些因为某种原因跟我们不一样的人的一套偏执态度。社会制度可以鼓励或劝阻这样的行为。在我们现在的社会中，有大量媒体关注“伊斯兰恐怖主义分子”“虚假寻求避难者”“非法移民”以及所有威胁我们安全的他人。在用公共服务吸引服务对象的群体中，可能有许多人的态度已经倾向于从这个连续统一体的社会端转向了意识形态端。

资源竞争

以上三个维度共同表明，在资源被认为有限的情况下，没有足够的资源供“我们”使用，但“他们”来这里占据了一部分资源，包括我们的工作、我们的住房和我们的医疗服务，这些本该是他们无权使用的。这种看法通过故事在媒体和社区中反复传播，即移民到此的人受到了不公平和不应得的分配，例如社会住房、社会福利或医疗服务的获取。当移民成了政治政策的一个特征，控制进入该国的人口数量成了政党互相竞争和相互超越的平台(例如，2011 年 4 月，英国首相谈及要把移民人口限制在数万以内，而不是数十万，尽管商务大臣已经指出了对移民实施限制的经济危险)。有些人认为，为自己的利益行事，攻击移民，这些是完全正当的行为。

仇恨犯罪行为

1998 年的《犯罪与骚乱法案》(*Crime and Disorder Act*，1998)规定，潜在犯罪可能因为种族歧视而加重，2003 年的《刑事审判法案》(*Criminal Justice Act*，2003)将这种外在原因扩大到宗教、残疾和性取向。在英格兰和威尔士，如果犯罪发生时使用了侮辱性语言，在法律上，这是起诉仇恨犯罪的基本依据。通常，包括街头涂鸦在内的种族主义行为或侮辱宗教罪，往往不是有意仇恨的产物，但它们仍然对受害群体产生了广泛而深远的影响。

正如 Court 和 Durrance 在格林尼治和路易斯汉姆(2008)所说的，许多种族歧视的严重罪行源于商业交易场所：商店、餐馆、外卖店、出租车等。在这些交易中存在着困难，犯罪者已经公开进行侮辱(肤色是最明显的一种)，使用在犯罪者的社会群体中可以接受的术语，但是他们知道这些术语用在侮辱中时是不能被接受的。犯罪者会对交易活动中的任何人使用他们觉得最具侮辱性的术语。

众所周知，警察和缓刑服务组织对许多意识形态犯罪者了如指掌，但因种族歧视加重罪行的犯罪者通常机敏狡猾，不会在犯罪时使用可以作为证据的敌对性语言。这使得我们倾向于把社会罪犯视为拥有一种意识形态。他们经常简单地使用通用语言。不可否认，他们有侮辱的意图，但他们没有认真考虑那种语言中隐含的意识形态的态度。大多数年轻罪犯可能尤其是如此。

其他不同领域

虽然立法同样适用于其他受保护特性，这种模型的各个方面并没有完全传递到其他不同领域，但有一些相似之处值得探讨。这一点很重要，因为它影响到社工如何看待服务对象可能遇到的差异和态度。这些服务对象可能会表现得很挑剔，因为他们会模仿媒体使用的常用术语，也可能是因为他们并没有深入思考这个问题。

性别

性别期待(gender expectation)会因为不同的社会和不同的文化而各有差异，而且随着时间的推移，对性别角色的态度和假设如此根深蒂固，以至于我们难以意识到这些态度和假设，并且难以改变这些观念。“就像种族观念一样，性别观念深深植根于我们对世界的理解和经验当中，因此，如果我们要让人们摆脱压迫性的性别关系，就需要对性别有足够的敏感度。”(Thompson，1998：98)。

案例研究

Louise曾在缓刑服务组织工作，现在她是一名社会工作者。她拒绝在工作环境中被叫作“女孩”。“在家里，我可能很乐意成为‘一个女孩’，但是在工作中，30多年前，我进入了一个以中年男性为主的工作环境，在那里，被称为‘女孩’明显就有一种‘不要用你漂亮的小脑袋考虑这个……’的感觉，而且让人觉得他们非常傲慢。”

- 你对此有何反应？
- 你是否理解这里表达的不同观点？

随着年龄的增长，一些女性可能对“女孩”这种暗示年轻的表达感到开心。其他人从未考虑过这种称呼可能会是一种傲慢的行为，所以看不出任何问题。然而，对许多人来说，被叫作“女孩”是完全不可接受的。

对性别意识形态的态度进行定义是更加困难的，但厌女症(misogyny)是这个范畴里最极端的态度。厌女症意味着仇视女性，这种仇视通常表现在女性的社会角色以及对女性的态度上，尤其是在工作中对女性的零容忍。厌女症形式极端，并不经常被表达出来，但它隐含在男性对女性实施家庭暴力的高发现象中。虽然同性家庭暴力和一些女性对男性的暴力事件也同样存在，但这往往是基于女性地位低下的认知，以及女性是男性财产的一部分的残余信念之上，它们导致男性控制和虐待女性的道德准则经久不衰。

不同社会对女性行为的容忍度各有不同，处于意识形态(厌女症)—社会连续统一体(ideological misogyny-societal continuum)的不同点。在一些穆斯林社会，男性和女性的生活非常独立分散，并且受到限制。性别期待是具体的，并且从外部看起来可能是限制性的。西方的社会工作者可能对尊重这些社会群体的价值观感到矛盾，但强烈反对诸如包办婚姻，要求女性穿着特定形式的服装，以及限制女性的某些行为，如单独外出甚至开车等做法。西方女性从自己的角度看待这些行为，有时会将这说成中世纪做法，并且很难相信女性会自愿遵守这些强加给她们的要求。从这个角度来看，男性行为可能被说成厌恶女性，这可能导致评估家庭生活的假设和偏见，以及社会工作者和家庭之间的紧张关系。例如，一个社会工作者会认为他们应该承担为女性赋权的工作，即使女性可能对自己的生活方式感到很自在，不愿意改变。第三章将联系权力差距和对等级权力的不同看法进一步探讨这个问题。

在社会端，社会照料行业通常比整个英国社会更关注性别，实行平等的机会政策和程序，也比其他职业拥有更多女性员工。事实上，在这项工作的某些方面，雇主会想尽办法招募足够数量的男性，尽管在这些组织中占据高位的男性可能已经超出比例。就像对种族的看法一样，员工们不太可能公然表达性别歧视的观点，但偶尔会讲讲贬低女性的笑话，或者关于谁泡茶、谁洗碗的看法。

思考点 1

对一个以老年人为工作对象的评估护理管理团队进行的研究项目发现，服务对象对女性和男性照顾者的专业回应差异仍然存在。与女性照顾者相比，服务对象对男性照顾者的日间看护和临时看护水平的评价更高，即便男性照顾者所照顾的人依赖需求较低，而女性照顾者照顾的人需要时刻关注（Bywaters & Harris，1998）。

在另一项研究中，研究人员发现，通常在其他家庭成员，特别是女儿承担提供法定服务的义务的情况下，需要优先提供帮助。他们发现，提供家庭帮助和洗澡辅助的照顾者，一直尽可能减少或拒绝有本地亲属的老人，特别是有女儿的老人（Qureshi & Walker，1989：30）。

- 你会把这种情况放在厌女症到社会端之间的哪块区域？
- 这对评估有何影响？
- 这对实务工作有哪些其他影响？

思考点 2

我不能理解遗弃孩子的女性。我是一位母亲，为了保护我的孩子，我能躺在一辆公交车下。母亲怎么能遗弃她的孩子，这违背了天性。（对作者的评论）

在英国社会，人们看不起遗弃孩子的女性。即使是为了远离一段暴力关系，如果女性不把孩子带在身边，就不会得到宽恕，无论人们是否认为她们正受到罪犯的威胁。

- 英国社会中的性别角色和性别期待说明了什么？
- 这对实务工作有什么影响？
- 你能想到性别假设在实务工作和服务中起关键作用的其他例子吗？
- 你如何在自己的实务工作中挑战这些？

宗教

宗教对立有各种各样的表现形式。许多宗教都有一个结构化的信仰体系，包括对那些不属于该宗教的人的特定态度。人们可能会被从小教育或自愿选择他们的宗教信仰。在许多方面，这可能看起来类似于拥有一种意识形态，一种他们赖以生存的思想体系。各个社会对宗教的信奉程度各不相同，对多种宗教并存的容忍度也有差异。总的来说，这个国家的信徒表现出对不同宗教信徒的“社会”态度，想要分出属于自己群体的人和不属于自己群体的人。这里存在一种根本区别：大多数人都乐意接受这一点，但少数人认为有必要采取激进行动改变他人的信仰，宗教间的暴力行为可能也确实会爆发。

在不同时期，不同的宗教一直受到不容异己的行为管制。其中最有代表性的是几个世纪以来对犹太人的歧视，这种歧视仍会时不时地出现，特别是以在犹太教堂涂鸦的形式。当然，最近越来越多的人反对信仰穆斯林的人。2003 年的《刑事审判法案》涵盖了任何因宗教而使某人成为攻击目标的罪行。

许多从事福利工作的人都会说，他们自己的宗教信仰巩固了他们的专业实践，引导了他们与服务对象和同事之间的关系。在工作场合，社工应该在多大程度上公开分享他们的宗教信仰，这在过去主要是一个个人选择的问题，但近年来已经变成一个有争议的话题。Victoria Climbié 案就是其中一个例子，这位社会工作者的管理者因为在督导工作中讨论自己的宗教信仰而受到了批判(Laming，2003)。Victoria 的死亡也加深了人们对信仰如何在情感控制、巫术或其他精神和宗教层面导致儿童受到虐待的认识，因为人们发现这是导致 Victoria 死亡的一个原因。

在工作时或学校中穿戴与宗教有关的服饰和标志也可能引起争议，其表现是近年来有关宗教服饰和标志的法律案件有所增加，特别是在学校。尽管如此，社会工作专业似乎仍避免公开讨论什么是视觉上能够接受的，以及这些标志可能对服务对象产生什么影响。

案例研究

Joanne 是一名 25 岁的社会工作者，一直为 15 岁的 Kia 提供服务。Kia 的需求十分复杂，处境艰难，常常感到焦虑和抑郁，基本得不到家人和朋友的支持，也经常感到孤独和绝望。Joanne 和她产生了共鸣，因为 Joanne 在青少年时期也有过类似的感受。后来 Joanne 加入当地教会，成了一名虔诚的基督徒，这时，变化发生了。对 Joanne 来说，她的信仰非常重要，她感受到了信仰的支持，更能应对生活中的挑战。

Kia 有时会说“结束这一切”，Joanne 担心她可能会再次企图自杀。Joanne 非常希望 Kia 对自己和生活都有更积极的感受，想告诉 Kia 她自己的信仰是如何帮助她实现这一目标。她希望 Kia 知道上帝正在注视着她，关心着她的遭遇，希望这能让 Kia 不再感到孤独和不被关爱。

- 你认为 Joanne 应该和 Kia 谈论她的信仰吗？
- 是否存在支持和反对此类事件公开的因素，如果有，这些因素是什么？
- 在类似情况下你会做什么？

性取向

在连续统一体的意识形态端，宗教与同性恋之间的关系多种多样，而且这种关系总是不太清晰。大多数信仰都对双性恋和同性恋有看法，许多看法也已随时间的推移而发生变化。从积极看待同性恋，到劝阻或强烈反对同性恋，教派与个人之间的差异也可能极不相同。许多宗教在接受性取向和同性性行为方面有所分别，即使他们发现可以接受前者，可能也还是不会接受后者。

例如，许多基督徒相信，他们的宗教认为同性恋是不可接受的，而且他们承认自己对同性恋者有强烈的偏见。大多数从事帮扶行业的基督徒都会承认，他们自己的观点与法律条款不一致，并且确信自己不会对别人有偏见，也不会歧视他人。

思考点

据报道，因为一对基督徒夫妇对同性恋的看法，法院(2011 年)对他们实行养育禁令。这对夫妇被告知，法律保护人们免受性取向上的歧视，这项法律“优先于”不因宗教背景而受到歧视的权利之上，尽管事实是人们一直说这对夫妇善良好客，并能对年轻人表达“体贴入微的关怀”。2011 年，基督教法律中心做出回应，认为该判决“传达出了明确的信息，即传统的基督教伦理信仰可能对儿童有潜在伤害，信奉主流基督教观点的基督徒父母不适合成为潜在的寄养父母”。

- 对是否应该允许这对夫妇养育孩子，你有什么看法？
- 你为什么要选择这样的立场？
- 你如何看待一个方面的歧视“优先于”另一个方面？
- 你认为此类报道对社会工作职业有何影响？

事实上，法院似乎保留了判决，因为法院不清楚人们要求他们对什么做出判决。虽然法官已经表达了对这对夫妇对同性恋态度的担心，要求他们周日去两次教堂，提供周末临时看护，但他们仍不认为这对夫妇能带一个穆斯林孩子去清真寺。

不同的社会对同性恋恐惧症也有不同的态度。例如，一个吉卜赛家庭的年轻人意识到自己是同性恋，那他就必须选择要么待在原生文化之内，压抑自己的性取向；要么通过在这种文化外生活，坚持自己的性取向。这两个选择水火不容，说明同性恋恐惧症位于这个群体的意识形态端，因为如果这个年轻人在吉卜赛群体中暴露了自己的性取向，他可能会面临失去生命的危险。当一个对同性恋者十分关注的社会工作者为其提供服务时，这个社会工作者可能会因帮助这个年轻人从群体中脱离出来而感到价值观上的相互矛盾，同时也对这个年轻人在同性恋群体内发展关系感到疑虑。

有时社工和大众会不假思索地随意评论一个人的伴侣的性别，并假设他为异性恋。这将导致人们继续隐藏他们的性取向。所以，第一个公开同性恋倾向的橄榄球运动员和板球运动员只是勇气可嘉，敢于“展示”自己。“把种族主义踢出足球界”的运动成功了，现在似乎正在往性取向上延伸，但这实际上只是刚刚开始。性取向仍是社工们希望解决的一个方面。一个对寄养陪护人员虐待儿童的严重案例的回顾，能很好地说明这一点，在这一案例中，社工担心孩子的看护，但又因为害怕被视为有偏见和恐惧同性恋而不愿意抚养这些孩子(Parrptt MacIver & Thoburn，2007)。还有人认为，男同性恋者和女同性恋者接近“隐形等级”(unspoken hierarchy)的最底层，这个等级由首选的寄养陪护人和养父母组成，男同性恋者和女同性恋者通常要比异性恋夫妇等待更长的时间才能得到安置(Community Care Live，2008)。众所周知，亲生父母也倾向于认为自己的孩子不应该和同性恋父母在一起，这又给社会工作者带来了一个难题，可能会推迟安置同性恋父母。这可能是因为社会对同性恋的态度目前已经在某种程度上形成了一种意识形态基础，所以，要解决英国的同性恋恐惧倾向仍然任重道远。

Stonewall(1996，2009)发现，因为性取向，同性恋者频繁受到攻击，这些罪行被纳入了2003年的《刑事审判法案》。但是，鲜有人使用这项法律进行起诉。

思考点

- 你父母或家人对同性关系是什么看法？

- 你个人的看法是什么？
- 是什么影响了你的看法？
- 这些对你的实务工作有何影响？

残疾

这个模型在考虑残疾时也很有帮助。从立法层面开始，2010 年的《平等法案》取代了 1995 年和 2005 年的《残障歧视法案》（*Disability Discrimination Acts*，DDA），保护了所有已有或曾有残疾的人。例如，如果一个人在过去有过心理健康问题，符合法案对残疾的定义，如果他因此受到骚扰，法律就会保护他。

此项法案还保护人们不因个人残疾而受到歧视和骚扰。例如，法案保护那些被误认为有残疾的人。它还可以保护一个人不因与残疾人有联系或有来往而受到不友好的对待。例如，如果一位残疾儿童的母亲因为这种与残疾人的关联而被拒绝服务，这就是一种非法歧视。

在政府的官方统计数据中，几乎看不见仇恨残疾犯罪（Disability hate Crime）。自 2008 年 4 月以来，警方只受命用标准化方式采集和报告仇恨残疾犯罪的数据。而在 2007 年 4 月之前，英国皇家检控署（Crown Prosecution Service，CPS）没有单独采集过起诉仇恨残疾犯罪的数据。此外，英国皇家检控署也承认，从那以后收集的数据也并不总是可靠的（Quarmby，2008）。

尽管存在这些困难，也缺乏强有力的证据来比较残疾人和非残疾人面临的风险，但现有证据表明，与非残疾人相比，残疾人遭受暴力和反社会行为从而导致受害的风险更高（Sin et al.，2009）。此外，尽管对残疾人实施犯罪的报道与研究人员收到的残疾人经验报告之间存在很大差距，但针对残疾人的暴力和敌意似乎正在增加。

直到 2003 年的《刑事审判法案》生效，仇恨残疾犯罪才得到刑事司法系统的承认。虽然该法案第 146 条并没有将仇恨犯罪单独列为一种罪行，但法案规定，完全或部分因为受害者残疾（或认为其残疾）而对其怀有敌意而施加的任何罪行，都会被强制增加刑罚。这表明，完全或部分因为残疾或性取向，对某人怀有敌意的动机已经在量刑的考虑范围内。法律试图向社会传递明确的信息，即这种行为是错误的，会受到严厉处理。法案还允许法院进行相应的判罚，同时法官可以对这些罪犯施加更高的判罚。

尽管拥有这些权力，但许多人争论说，刑事法庭并不总是发挥了这些权力应有的效力。在一些广为人知的残疾人受到虐待或杀害的案件中，量刑却似乎太过仁慈。例如，一名患有自闭症的年轻人，连续好几天被 3 名 18 岁的年轻人施以残忍至极的身体虐待，可是判罚却是 80 小时无薪社区工作和 3 个月的宵禁（于曼彻斯特，2010 年 10 月）。可以这样说，这个案例向社会传达的信息根本毫无帮助：它没有强调残疾人的权利，也没有倡导公正平等的待遇，反而在实际上漠视和贬低了残疾人。

回到这个模型，我们便再次回到了意识形态—社会连续统一体，以及社会对残疾的解读。不同的文化和信仰对残疾有不同的看法，在某些情况下这些看法是极端的，而且残疾可能被视为神灵附体。例如，有一些记录在案的虐待儿童案件与神灵附体的信仰有关，其对象主要包括有学习障碍、精神健康问题、癫痫、自闭症、口吃和耳聋的儿童（DfES，2007）。

的确，英国社会近年来对残疾的态度已经有了很大的改变，这在很大程度上是由于残疾人自已努力提高认识而做到的。然而，任何社会的主要群体都会有一种对正常状态的设想，将那些不符合这些正常状态的人划分为不正常（Drake，1996）。许多人认为，当今英国社会对残疾人的主要看法仍然是：那是一种悲剧性的、不正常的和不值得的生活。这种主流的意识形态经常在媒体报道中出现，更确切地说，是对残疾人及其生活的歪曲，对其他人的态度产生了不利影响，传播了带有攻击性的成见，而这些成见将残疾人分类，使他们客体化（Higgins & Swain，2010）。“我们的残疾吓坏了人们。他们不愿意想这些可能会发生在他们身上。所以，我们被与一般人分隔开来，被当作完全不同的异类来对待。”（Morris，1991：192）

此外，Morris 评论道，“……假如我们的生命也像这样没有什么价值，那我们生命中的每一天都要和这种人生做斗争”（Morris，1991：192）。在存在资源竞争的情况下，特别是目前存在于健康和社会照料领域的竞争，这一点非常重要。典型的应对措施就是制定获取服务的标准和门槛，然后判断谁有“资格”，谁没有“资格”。这会让残疾人“愈发被视为经济负担”（Westcott & Cross，1996：14）。

在保护残疾儿童方面，态度的影响可能最为明显。从事儿童保护工作的实务工作者使用的知识数据库大多是基于非残疾儿童的经验，然而研究表明，残疾儿童比非残疾儿童更有可能遭受身体、性和情感方面的虐待和忽视(Cross、Kaye & Ratnofsky，1993；Sullivan & Knutson，1997)。近年来，生态模型被广泛用来了解残疾儿童所经历的不平等遭遇，以及这些不平等如何导致虐待发生率上升(Westcott & Cross，1996；Sobsey，1994；Wonnacott & Kennedy，2001)。社会对残疾儿童的价值观和态度，有害的谬见和刻板印象，侮辱和贬低残疾儿童的语言，以及不愿优先考虑残疾儿童福利的意愿，常常促使这些不平等现象发生。表 2.1 中的陈述只是证明这一点的一些例子。

进一步来看，英国关于残疾儿童和年轻人遭受虐待的研究少之又少，许多人会认为这反映了残疾儿童和年轻人在社会中的地位低下。这种现象在性虐待方面尤其明显。这一领域有大量的研究，实务工作者也可获得大量的知识，但其中却鲜有涉及对残疾儿童的性虐待。这一领域严重缺乏研究，以至于被忽略了(Higgins & Swain，2010：55)。

表 2.1　练习

陈　　述	你如何反驳?
残疾的年轻人并不是真的想要做出选择——他们宁愿接受为他们做出的决定	
大多数有学习障碍的人无法做出理性的决定	
拿残疾人开玩笑并不无礼，只是有点好玩	
在俱乐部里可以有残疾儿童，只要他不伤害其他的孩子	
没有陪护人员陪同的残疾儿童参加俱乐部违反了俱乐部的规定	
只要我们有足够的钱，我们就会让我们的设施更易使用	
如果让有学习困难的人做决定，他们可能会选择做危险或冒险的事情	

思考点

Michael 今年 16 岁，有多重缺陷，在生活的各个方面都需要帮助。Michael 进入了当地一所高中的特殊班级，你已经安排了一名陪护人员在早上帮他做上学准备。Michael 经常流口水，所以他妈妈总是给他穿上婴儿的围兜。有时别的孩子会嘲笑 Michael，取笑他的围兜。陪护人员看到其他流口水的年轻人使用塑料衬里的棉花手帕，就提出要为 Michael 做一些，但 Michael 的妈妈认为这无关紧要。她说 Michael 不知道自己被取笑了，她只是想让 Michael 的球衣保持干燥。

- 你怎么看待这个问题？
- 这个问题对青少年有多重要？
- 与服务对象的家人有不同意见时你会如何处理？
- 你会尝试做些什么吗？如果会，你会怎么做？

阶级

和这里讨论的其他问题不一样，阶级并不在法律管辖的范围之内。虽然种姓歧视和骚扰可能受到 2010 年的《平等法案》（Government Equalities Office Research Findings，2010/8）中的种族和宗教条款保护，但在国家职业标准中没有明确提及这一点，即使贫穷和社会排斥的确意味着阶级差异。每个人对他人的背景中阶级方面的内容都有着不同的容忍度，这取决于他们自己的立场。虽然目前这个话题在英国很少公开讨论，但在 2010 年大选之后，随着大量公立学校的男生加入政府，人们对阶级差异的关注有所增加。在社会照料行业，许多年纪较大的工作人员都来自自定义的工人阶层背景，他们意识到他们的教育机会和更大的社会流动性是如何增加就业、拥有住房和出国度假的机会的，而他们的父母就没有这样的机会。确实，有很多从事社会照料工作的女性会向作者描述她们的祖母是如何兢兢业业。因为战争时期的变化，她们的母亲就有了更多的机会。然后，她们决定通过教育和就业，让自己的女儿"有所成就"。

就这个模型而言，阶级已经是一种意识形态，然而在英国却不尽然。例如，印度的种姓制度是一种意识形态，人们出生在一个特定的种姓之中，而这种种姓也与职业地位有关，人们被要求通过婚姻和所有社会联系，留在一个种姓中。印度政府正在努力消除种姓障碍，举例来说，印度大学里发生了抗议活动，抗议"贱民"（处在社会最底层的种姓）的入学名额，因为这些名额的分配代价是牺牲那些希望上大学的更高种姓的学生。与英国的相似之处在于，尽管人们试图减少阶级差异，但人们对阶级的态度依然存在，即使这些态度存在于潜意识之中。

一般来说，在英国，阶级是一个潜在问题，因此处在那个连续统一体的更偏向社会的一端。大量严肃的案例回顾都强调，所有相关机构都很有可能从正面角度看待那些被认为是偏向中产阶级的家庭：舒适而装修考究的家，受过良好教育，口齿伶俐，外表富裕。社工判断服务对象的生活方式所依据的价值观并不总是很明确，他们也不是以一种识别偏见的方式对此进行探索。对于社工团队来说，接受以阶级为基础的特定标准很容易，因此诸如忽视儿童或老人等问题，就不那么具有挑战性了。基于此，在住宅小区或地理区域，这种现象是正常的。

案例研究

很多判断都可能是一个阶级问题。在很多大型会议中，如个案会谈，有些人甚至不认识孩子的家庭成员(para 3.6，p.15)。

他们对你有一种看法，仅仅因为你觉得阅读和写作很难，他们就会认为你一定不是个好父亲或好母亲(para 5.3，p.24)。

和社会工作者有联系的几乎都是穷人。社会工作者似乎没有接受过怎么处理贫困问题的培训。他们不关注贫困造成的问题，他们能够胜任父母的角色吗？他们没有正确看待这个问题(para 5.4，p.25)。

(Wiffin，2010)

思考点

- 你如何描述自己的阶级？
- 你是根据什么标准做出这个决定的？
- 你的服务对象会如何看待你的阶级？
- 他们把你和阶级联系起来后，会产生什么不同？
- 当你和服务对象一起工作时，你会注意到哪些明显的阶级方面的问题？
- 这会如何影响你的实务工作？

案例研究

Paul 被要求对一个婴儿进行评估，在和孩子的母亲关系破裂期间这个婴儿的父亲曾虐待自己的孩子。这位父亲叫 Graham，现在他和一个年轻女人有了一段新的关系，而且他们有了一个女儿。

Paul 查了这家人的地址，发现他们住在一片很大的廉租公房区，这个地方因酗酒、吸毒和犯罪等严重的社会问题而臭名昭著。

这家人的房子从外面看起来和邻居家很像。前面的花园里有一辆坏了的汽车，各种各样生锈的花园家具，还有一些没有收起来的垃圾袋。然而，当 Paul 受邀进入到他们家里的时候，他感到十分吃惊，因为这个家已经焕然一新：客厅重新贴了壁纸，地板上铺着奶油色的地毯和长毛绒小地毯。进来前 Paul 被要求脱掉鞋子。走进客厅时，客厅里萦绕着古典音乐，弥漫着蜡烛香。Graham 给 Paul 泡茶，他的妻子用骨瓷茶具给 Paul 倒茶。Paul 注意到墙上的荣誉证书，还有一些宗教经文。在谈话中，Graham 向 Paul 解释说，前一段婚姻失败后，他已经决定重新开始。他想过一种不一样的生活，给他刚出生的女儿提供成长所需要的一切有利条件。他说，他们已经考虑过她可能要上的私立学校，还记下了她要上哪一所，他还希望有一天女儿能够上大学。听完这些话，Paul 有点吃惊，尤其是他知道 Graham 已经有一段时间没有工作了，而且家庭收入也很低。

之后 Paul 和督导讨论这次拜访经历时，Paul 评论说，Graham 和他的妻子好像已经熟知中产阶级的生活方式，而且试图在自己家里重新创造这样一种氛围。

- 你对这个家庭的描述可能会有什么既定印象？
- 如果你进行了这样一次拜访，这个家庭的表现可能会在哪些方面引起你的焦虑，为什么？
- 你觉得为什么要在这里列举这个案例？

《社会照料工作者实践守则》规定了社会照料工作者应有的行为。这包括："宣布可能产生利益冲突的问题，确保这些问题不会影响你的判断或实践"（General Social Care Council，2010：10）；声明社会工作者不得"非法或无理歧视服务对象、照顾者或同事"（ibid.：11）；也不能宽恕服务对象、照顾者或同事的这种歧视（ibid.：11）。无论信仰、态度和偏见从何而来，社会照料工作者最重要的任务就是对这些保持警惕。然而，由于许多观念是社会化结构性概念，意义含蓄，因此可能很难识别和表达出来。因此，需要所有社工反省自己的价值观，探索社会态度如何巩固了这些价值观，挑战自己以避免社会工作实务中的偏见。

结论

因为他人的原生特征而对他们区别对待，这种情况在任何地方都会发生，已经是司空见惯的事。但在关于你是否不是“我们中的一员”而来自不同的部落、社会群体或背景，以及是否有一个根深蒂固的信仰，这种差异让你低人一等并因此受到区别对待这两点之间也存在着差别。“社会工作在行业中可能是独一无二的，因为它主要是和那些在某种程度上是局外人的人一起工作。通常，正是他们局外人的身份，把他们与社会工作联系在一起”（Doel & Shardlow，2005：215）。承认局外人的身份，以局外人的身份工作，并不包括忍受那些被认为甚至更像局外人的人，原谅他们的行为。在日常生活中，社工会遇到一些服务对象，他们表达的观点让人不能容忍，不可接受。重要的是，社工可以挑战这些观点，探究这些态度背后的动机，直接解决问题。

本章中有待与你的督导讨论的议题

1. 假如你的督导没有阅读这一章，你将如何向他们解释这个模型？

2. 在你的社会工作实务中，你将会使用本章中哪些具体的学习要点？

3. 利用这个社会和意识形态之间的连续统一体，你如何确定一个人会在哪个潜在的歧视领域？这会如何影响你与他们的合作？

拓展阅读

Bowling, B. and Phillips, C. (2002) *Racism, Crime and Justice*. Harlow: Longman.

Chapman, T. and Hough, M. (1998) *Evidence Based Practice: A Guide to Effective Practice*. London: Home Office.

Fryer, P. (1984) *Staying Power: The History of Black People in Britain*. London: Pluto Press.

Hall, N. (2005) *Hate Crime*. Cullompton: Willan.

Marks, D. (1999) *Disability: Controversial Debates and Psychosocial Perspectives.* London: Routledge.

McDevitt, J., Levin, J. and Bennett, S. (2002) *Hate Crime Offenders: An Expanded Typology.* Washington, DC: The Society for the Psychological Study of Social Issues.

Middleton, L. (1999) *Disabled Children Challenging Social Exclusion.* Oxford: Wiley Blackwell.

Stonewall (1996) *Queer Bashing.* Stonewall. www.stonewall.org.uk

Tannen, D. (1989) *That's Not What I Meant.* London: Virago.

Tannen, D. (1995) *Talking From 9 to 5: Women and Men at Work.* London: Virago.

Tannen, D. (2001) *You Just Don't Understand: Men and Women in Conversation.* London: Virago.

Winder, R. (2004) *Bloody Foreigners: The Story of Immigration to Britain.* London: Little, Brown.

第三章

理解并回应文化多样性

核心内容

- 人们会从自己所在国家和组织的文化角度来看待世界。如此一来，对于其他文化背景下的行为，我们多少会有些误解。
- 国家和组织的文化规范是普遍存在的。但是，并非每个个体和家庭都会遵守相应的文化规范。
- 如果社工能够准确地看待文化多样性，其与服务对象的沟通自然会得到加强。

引言

“即使当我们在某方面变得专业，我们也仍旧是文化的产物。事实上，我们习惯将文化与专业融为一体。”（Aronson Fontes，2005：8）本章探讨了不同国家之间和英国国家内部文化的差异。此外，本章也探讨了对于这些文化差异，社工们又是如何理解和应对的。

长久以来，文化对人的影响一直举足轻重。人们如何理解他们的世界，如何融入他们周围的社会，如何理解他们工作的组织以及如何评估他人行为，一定程度上都受文化的制约。在任何情况下，文化都会影响我们对他人或自己的期望和表现。对每个个体而言，他们对其所处的文化环境及其对自身人生发展的影响鲜有了解。然而，文化却几乎影响群体中的每一个人，左右他们与外界互动交流的方式。区分“我们”与“他们”的方法众多，通过国籍来区分不失为一种便捷的方法。但是，没有一个国家或组织可以给出让人心服口服的区分办法。实际上，一个国家的成员间的共性颇多，他们通常会有类似的经历、相同的时代主题和制度等。也是这些共性，造就了他们看待世界的角度。具体来说，这些共性包括地理环境、气候状况、经济状况、种族、宗教、语言、政治制度、政府机构、教育体系和家庭生活方式。除此之外，还有其他一些因素，也会影响人们对于世界的看法，这些因素包括人们的人生经历、神话故事、笑话和特有的比喻等。

案例研究

Lloyd出生于牙买加，5岁时随家人来到英国。在他生活的地区，有许多来自西印度群岛的家庭。生活于此，Lloyd吸收了不少印第安文化。当他去牙买加看望家人时，他的行为与英国人的行为看似并无两样。然而，在英国，人们却把他看作西印度群岛人，能够和朋友用方言愉快沟通。当他到西班牙拜访他妻子的家庭的时候，在西班牙人看来，他的行为特征就是典型的英国人。而对于这一看法，Lloyd不以为然。

- 在你看来，Lloyd的行为是英国人的还是牙买加人的呢？
- 你认为Lloyd是如何看待自己的？
- 你又是如何看待你自己的呢？

定义

Peter Senge(1990)提出了对文化的著名定义，即文化就是“我们在这里做事的方式”。这也是一套准则，会对人们的行为产生重大的影响。有些人能意识到这一点，也有些人意识不到。Hofstede(2001：21)经过广泛研究，将文化定义为“大脑的集体计划，它将一个群体的成员与另一个群体的成员区分开来”。

- 人们普遍认为，在社会工作中，文化是最重要的部分，这一点毋庸置疑。
- 社工们普遍认为他们做事的方式是合乎情理的。
- 文化影响着人们生活中的每次交流。
- 人们从各自的文化角度看待每一次交流和互动，并看到其他文化的发光点。

对社会工作者而言，在不同的文化环境中进行实践几乎是不可避免的。这些不同的文化因素可能包括种族或国籍，也可能包括地理位置、地区差异、阶级、教育程度和沟通模式、口音、方言和习语等。社工和服务对象的沟通方式取决于他们对彼此文化的理解程度。例如，在许多社会照料机构中，为了淡化收入、权威和权力上的差异，人们习惯于穿着随意、低调。然而，不少服务对象认为这种穿着相对邋遢、不够真诚，也不太尊重自己。事实上，穿着时尚靓丽，也可能带来许多难题。

“如果你在领取国家福利，就不能像有钱人一样总是穿着靓丽。试想一下，如果来你家的人都是公职人员的打扮，一身西装革履，你会怎么想？”（Wiffin，2010：13）

文化差异会影响人们对事物的评估、解释和分析。对此，Aronson Fontes(2005)曾指出：

当我遇到一个背景与我不同的家庭时，我会用我所有的专业知识和个人看法与其进行沟通。我对这个家庭的看法，一定程度上取决于他们与我之前对彼此情况的了解：我原本的家人，我所接触过的家庭，以及我所听说过的个案都包括其中。尽管我很想用自己的文化和经历来看待这个家庭，但我深知自己不可以这样做。（Aronson Fontes，2005：7）

有的实务工作者可能会认为，让家人参与解决问题的过程，是一种与他们接触与沟通的方式。此外，通过这种方式也会让他们感觉参与了决策过程。然而，服务对象通常被教导要尊重年龄、性别或工作差异。出于尊重，服务对象可能会羞于向社工提出建议，担心这样做会被认为是在挑战权威。

文化与交流

文化与交流紧密相连。文化作为交流的一部分，是指在社区内，创造和使用共享意义的过程。我们生活在一个共享意义的框架中，并常常认为这种共享框架是想当然的。不同的文化理论家，对于文化交流的关键看法不尽相同。但是，他们都强调是语言交流将人们聚集在一起，并将人们进行分类。同一群体内的人们不断交流使得文化持续发展，共同的语言也使人们团结在一起。

各个家庭都有各自的文化和生活方式：包括他们的交流方式、家庭聚在一起的时间以及应对外界的方法。社会工作者的家庭也不例外。因此，要想进行有效的沟通，社工既需要了解自己的文化背景，也要了解他人的文化背景，以便对服务对象和其行为有更深入的了解。通常情况下，我们对他人做出评价之际，常常会无意识地用自己的文化规范做出判断。而对于这一过程，我们通常毫无察觉。

在组织内的成员之间以及与其他组织交往时，不同的组织也有各自不同的文化交流模式。依据实践的场域，青少年服务对象可能是儿童、年轻人、青春期少年、年轻的看护者，甚至可能是青少年罪犯。青少年的文化沟通结构和模式非常强大，可能经过一天的跟访，一个学生就能开始适应特定环境下已经被接受的文化语言。

然而，在不同的机构工作时，不同的交流方式或许会产生不同的效果。或许在某一个组织中，某种交流方式会促进问题的解决，而将这种沟通方式应用于另一种组织中，效果或许恰恰相反。这些年来，由于文化背景不同，交流方式也存在差异，虐待儿童的悲剧时有发生。此外，这种情况在最近国家的头条新闻中也常有出现。Reder、Duncan 和 Gray(1993)曾对超过 30 名儿童的死亡进行分析，并提出了突破性的看法："不同的语境下，难免出现不同的文化背景和交流方式，并且……在每次跨文化交流中，个人、专业人员、机构间的差异，都会影响信息的传递和接收。"(Duncan et al.，1993：65)

思考点

我曾用一整天的时间，与一名警官共同探讨儿童保护的相关调查。我们之间的沟通非常顺畅，一切都进展得很顺利，尤其是在虐待孩子的人承认了自己的罪行之后。当时，我并未察觉我们的沟通方式有何不同。然而，回到办公室之后，我突然发现事情并没有那么简单。这名警官打电话给她的直接上级，希望了解当日所发生的事件。在我面前，她突然转变了态度，声称自己一直咳嗽，身体概况不佳。简直巧舌如簧！我觉得这好似电视中的警察剧剧情，完全不像是白天一起工作的经历。电话挂断之后，她又变成白天讲话的样子。这是我第一次真正意识到，两个组织之间的内部沟通模式完全不同。但是，即使沟通模式不同，彼此之间也是可以进行高效又紧密的合作的。(作者的经验之一)

- 你所在的机构存在哪些文化沟通规范？
- 文化交流中的这些差异，对多组织背景下的工作有什么影响？
- 这对服务对象有何影响？

理解文化差异的模型——Geert Hofstede 的研究

20 世纪 60 年代末到 70 年代，在美国 IBM 的研究基础上，Hofstede 进行了几项关于组织和民族文化的综合研究，为社会工作提供了许多有用信息。IBM 正在逐步实现全球化。因此，该公司想要弄清楚为何英美两国的管理技术没有转移到其他国家。此外，在其自身的海外公司，该公司的运营方式并不总是合适。针对这一问题，该公司也想一探究竟。这项调查规模庞大（共完成了 11.6 万份问卷），在全球 40 多个国家和地区进行（Hofstede，2001：11）。

在这项研究中，Hofstede 定义了四种文化维度以区分不同的民族文化。理解文化差异的四个维度分别是：权力距离（power distance）、不确定性规避（uncertainty avoidance）、男性气质（masculinity）和个人主义（individualism）。Hofstede 很清楚，没有谁的世界观一定比其他人的好。但是，他指出，如果他人的文化观与我们的不同，那么我们就会越发想要指责这些人。他还明确表示，如果一个国家有某种特定的文化倾向，那么，并不是说该国的每个人都会具有这种文化倾向或文化特性。在所有的文化中，实际上可能都存在广泛的差异。而对于这些文化差异，社会中的每个人，都在选择自己愿意接受或摒弃的文化。文化并非静止不变，人类和文化的发展也不会停滞不前（Harrison、Harvey & Maclean，2010：30）。要知道，每个个体都是独一无二的，能够认识到这一点相当重要。

因此，不能想当然地仅仅根据他人的原国籍就肆意评价他人——任何人都可能在正态分布曲线上的任何地方，可能是按照常规标准被分组，也可能处在极端位置上。

权力距离

为了使产品更符合消费者的需求，一家宠物食品生产商养了 30 只猫。喂食的时候，这些猫总是排成一排，井然有序。然而，只要进来一只新的猫，刚刚喂食的队伍便会出现混乱。新来的猫试图在队列中占据一个位置。但是其他的猫争先恐后，甚至对其发动攻击。要想找到合适的队列位置，除非有猫愿意容忍这种现象。这种等级差异现象在鸡群中也普遍存在(因此有了“啄食顺序”这个词)。(Hofstede，2010：79)

权力距离是社会分层的延伸和体现，即每个人的重要性和社会地位各不相同。在权力距离大的社会中，社会地位差别很大。但这并不会令人不适，或许人们对此早已习惯。事实上，社会中的所有成员，包括地位较低的人，都期望并接受权力分配不均的事实。

在权力距离较大的社会中，人们期待掌有权力的人能够发号施令。命令一旦下发，人们必会遵守，这点毋庸置疑。在英国，权力距离较大的组织包括军队。在军队中，人们普遍接受军衔，军衔较高的人拥有不可否认的权力。高军衔的人可以指挥和命令低军衔的人，且不接受任何质疑。2010 年 1 月，北非和中东曾爆发革命，这或许表明，以前接受权力距离的人们或许心有不甘，如今已开始对这种权力距离发起挑战。

案例研究

曾担任潜艇指挥官的首席感化师发现他第一次做感化工作时，觉得非常困难。他需要讲一些不属于自己的故事。此外，他还需要告诉别人加入一个完全不同的组织时必须经历的事情。他所期望的是，当他告诉人们做某件事的时候，别人定会照做。然而，在感化服务中，人们疑问较多，总要问个所以然。而对他而言，这样的经历前所未有。

在权力距离较大的环境中，父母期望孩子能够对自己言听计从。他们说什么，孩子就做什么。如此一来，人们对这类父母难免会有误解。认为他们不仅专制、苛刻、死板，对孩子也漠不关心。在权力距离较大的家庭中，孩子们对自己在家庭所处的位置了然于心。他们的所作所为必然和社会所要求的一模一样。维持权威的方式是多种多样的——在一些家庭里，如果孩子确实偏离了轨道，那么家长定会失望至极。然而，在另外一些家庭里，维持家庭权力的方式要更实际一些。

案例研究

Hyacinth 在她的团队中工作了一段时间后，被认为是经理的理想人选。她努力工作，认真负责，总是能完成别人要求的任务。同事们对她也是好评连连。大家认为在团队合作中，Hyacinth 是一个很好的合作伙伴。

久而久之，时机一到，她自然得到了提升。然而，成了经理之后，人们普遍认为她是独裁的、专横的，且没有同情心。此外，一些关于她的流言也开始传来传去，不少人认为她是一名黑人，无法很好地完成管理类工作。

事实上，Hyacinth 并未改变，她还是从前那个认真工作的人。只是如今，她处于权力距离环境下权力的上层。曾经，作为一个团队成员，她希望有人告诉她要做什么工作，要怎么做这些工作。现在，作为一名团队的管理者，她希望小组成员能听从自己的安排，没有质疑。然而，她的团队权力距离较小。因此，人们并非总是对她言听计从，反而倾向于按照自己的想法和标准来办事。基于这个案例我们展开了讨论。这个讨论能够解释围绕 Hyacinth 的种种行为表现。通过这一讨论，我们也开始探究 Hyacinth 和她的团队究竟是如何合作的。

在权力距离较小的环境中，自然也有更多的平等：老板与不同级别的员工之间的地位较为平等，人们互相寒暄，完全可以直呼其名。权力距离小的社会中人们思想开放，可以质疑一切，也可以与他人进行直接的沟通。但是尽管如此，一些间接的规则也在所难免。因为有些分歧是不可公开的，一定要秘密进行才好。

此外，在权力距离小的社会中，养育子女可能相对随意很多。父母把自己的孩子当作自己的朋友，孩子们也能直呼父母姓名。然而，从权力距离大的角度来看，上面的做法给了孩子太多的责任和权力，孩子们并不服从家长，他们理应“按照家长的要求行事”才好。在权力距离较小的文化中，比起绝对服从，尽早让孩子实现高度独立才是人们所提倡的。但是，高度独立与合作并不冲突。在权力距离较小的环境中，人们是非常提倡孩子与他人进行合作的。

思考点

周五晚上，我们收到了一封来自社会服务部门的信。信中说他们接到一个匿名电话，打算于周二上午 9 点前来拜访。除了感到害怕之外，我想到那时我应该会在学校。我该怎么办？我能做些什么呢？如果我待在家里，他们就不会去学校找我。如果我不在家里，他们或许会认为我有意回

避他们。因此，很多时候我都会告诉自己，不能有这种想法。（Wiffin，2010：11）

- 权力距离在这里的作用是什么？
- 在社会工作者和服务对象之间，你能察觉到权力距离的不同吗？

根据 French 和 Raven 对权力的分类(见第一章)，在权力距离大的文化中，有更多强制和参考力量。然而，在权力距离小的文化中，更多的是奖励、法律和专家的力量。

思考点

在权力距离面前，你是否应付自如？

在一个组织团体中，如果上级的命令必须遵从，上级的安排必须照做，你是否敢有异议？

如果你的回答是肯定的：

- 你希望服务对象毫无疑问地接受你的建议和指导吗？
- 如果服务对象对你的看法不以为然，你会怎么想？
- 你希望其他组织的同工给你什么样的尊重？

如果你的回答是否定的：

- 如果服务对象对你的意见没有疑问，你会对此担心吗？
- 如果服务对象对你非常恭敬，你会感到不舒服吗？
- 当你被要求与警方、医学界和法律界的专业人员谨慎相处，你又会做何感想呢？

对组织的影响

在机构间工作时，必须要认识到这样一个事实，即一些组织比其他组织具有更大的权力距离。例如，警察和护理专业比社会照料专业具有更大的权力距离。警务部门倾向于采取“直接告诉他们”的决策风格，决策通常立即实施，毫无困难。此外，由于权力距离较大，工作人员会被派去执行任何在当时看来最重要的职责。例如，在公司会议的最后一刻，他们会甩门而去，这一表现会惹怒其他人。别人会觉得这个人不可理喻，甚至相当粗鲁。这对机构间工作有重要影响。当高级警官派一名警官代表警察局时，即使不了解业务或甚至不知道他们在那里的原因，他们也可以在当地儿童保护委员会中发挥自己的作用。“在和包括警察局长在内的一队高级管理人员一起工作时他说，‘在这里我们都是学生，对任何人我们都能直呼其名’，通常立刻得到的回应是‘好的，长官’。”

因此，就组织的行为而言，了解不同维度的特征，相当重要（见表3.1）。

表3.1 权力距离大和权力距离小的组织的比较

权力距离小的组织	权力距离大的组织
组织不够集中	组织相对集中
平整的金字塔式组织结构，等级差距小	高金字塔型组织结构，等级分明
监督部门规模较小	监督部门规模较大
薪资水平差距不大	薪资差距较大
对底层员工有高要求	对底层员工有低要求
体力劳动和脑力劳动地位相等	白领员工比蓝领员工地位更高

Hofstede(2001)

这一对比突显了英国在过去30年里所发生的变化。国家文化和社会照料组织已经向有更大的权力距离的部门转变。公共部门已经转向更集中化和更多等级的结构。一些社会工作者发现他们很难接受这样一种高度服从的状态，然而，很多人也表示普遍接受，愿意服从，因为如果事情出了差错，他们就能免于责备和惩罚。

不确定性规避（风险规避）

这一术语指的是一种文化差异，与接受和应对不确定性、模糊性和风险的方式有关。在当前的政治环境下，社会工作中的风险如何管理，公众又是如何看待风险，这两点都相当重要。

高度规避不确定性的文化，就好似规章制度一般，人们愿意遵守它，因为它有助于控制文化的不确定性。规章制度一旦制定，就希望人们能遵守。在一个高不确定性规避家庭中，孩子们会被社会化。他们会被要求去做一些毫无挑战性的事情，并且不能犯错。这不是因为大人告诉他们(这将是权力距离大的表现)，而是因为孩子们这样做，每个人都可以确保安全。家庭制定的规则通常相当明确，不允许模棱两可、不清不楚。人生的不确定性就是一个潜在的威胁，我们必须尽最大的努力去钳制这一威胁。通常情况下，人们感到压力很大且焦虑是常态。儿童学着复制他们周围的东西，以确保他们在有限的时间内，尽量不犯错误。

思考点

以下内容引自服务对象：

类似的评估我进行过很多次了。同样的问题，别人会一遍又一遍地问你，毫无用处。随后，再次意外地被要求参加一个案例会议。那又有什么用？(para 6.4，p.33)

- **基于不确定性规避量表，你会把你的服务对象放在什么样的位置上呢？**
- **如果你想让你的服务对象按照你的想法来做事情，那么你会给出怎样的理由来说服你的服务对象呢？**
- **社会工作者如何更好地与服务对象进行不确定性规避呢？**

我对社会工作者说：“我今天心情不好，我们能下次再约吗？”她说：“不，我今天必须去，这是规矩。”(para 6.5，p.34)

- **不确定性规避对服务对象有哪些影响？**
- **服务对象需要什么解释来确保他们理解不确定性规避要求？**

一年后，我的社工不得不离开。因此，我也就换了另一位社工。我的两个女儿被送往长期寄宿学校。第一个社工为我探望孩子做出了安排，让我在暑假期间去看望孩子们。而新换的社工认为我应该在孩子的假期之间的任何时间去看他们。第一位社工制定的东西过于死板，我不得不遵从。因此，我没办法经常见到自己的女儿。实际上，新的社工认为我们有权去寄养女儿的家庭看望自己的女儿。但这些对之前的社工而言就好似天方夜谭，着实不可思议。

(Wiffin，2010)

- **社会工作者的不同不确定性规避程度，对服务对象有哪些影响？**

- 对于不同的方法，服务对象是怎样理解的?
- 对部门而言，探索不确定性规避的不同方法有哪些好处呢?

低不确定性规避文化中，人们乐于自己思考，尝试一些事情并从错误中学习，以期取得进步。低不确定性规避文化往往更善于接受高不确定性规避文化的人。此外，低不确定性规避鼓励人们进行选择，并做出自己的决定。低不确定性规避将指令尽可能地最小化，以期自己探索，迸发出创造力的火花。与高不确定性规避文化相比，低不确定性规避文化更加注重创新的力量。低不确定性规避文化中的人们更易接受充满未知的生活，每天如此，周而复始。因此，久而久之，人们的生活压力就会更小，生活方式也更加轻松随意些。

Hofstede 进行研究时，英国是不确定性规避程度最低的国家之一。但是，大多数人认为，在过去 30 年中，英国的不确定性规避发生了翻天覆地的变化。这种变化在儿童保护中尤为明显，为了避免儿童发生意外，工作人员会时刻遵循特定的程序制度。与几年前相比，组织希望其工作人员具有更高程度的不确定性规避。低不确定性规避较为模糊，相对间接，多用于人们与家人交流中使用的指导性语言，通过暗示和建议而不是用指令来完成工作。高不确定性规避家庭中的人常给出明确的指令，倘若命令不够具体清晰，人们往往会一头雾水，不知所措。

案例研究

William 在一个残疾儿童援助团队工作。他能与残疾儿童的父母建立并保持高效的工作关系。对此他相当自豪。当一个家庭可能由于各种原因出现儿童保护的问题，William 的督导要求他与这家父母签订书面协议，以确保儿童安全。起初，William 不以为然，还相当抵触。对于这些问题，William 更愿意与儿童的父母坐下来简单谈一谈。William 认为，强制性地签署书面协议不利于他与儿童父母之间的关系，这是 William 辛苦维系发展而来的，他着实不愿破坏这种关系。他还认为，在家长看来，这种书面协议或许是惩罚性的，难免让家长不快。然而，在之后他与父母的讨论中提到对签署书面协议的看法时，家长们却相当支持，这是 William 万万没有想到的。在家长看来，一旦签署书面协议，双方都能清楚了解所需改变的地方，孩子所需要的帮助有哪些，以及在特定的时候应该做什么，事无巨细。此外，对于不履行相应职责，不解决当前问题的后果，家长也能了然于心。因此对签署书面协议一事，他们自然是支持的。

……………………………

思考点

对于社会工作者而言，要想尽可能不犯错误，制定并遵循规则不失为一种良策。然而，在合规文化中，规则只是告知了人们怎样做，却并未说明理由。对于为何要遵循规则，规则是否合适，人们全然不知。规则可能导致工作者只是按照要求行事，而不知道规则为何通常适用。倘若社会工作者想要对各种文化环境下的孩子都增进了解，那些偏离轨道的规则才是真正有用的。那么，深层次了解规则，万分重要。(Munro，2011a)

最后两个缺点是交织在一起的。的确，我们所制定的程序可以解决一些典型问题。但是，一旦遇到不寻常的问题，这些程序就无能为力了。此外，在组织文化中，一旦遵循规则占主导地位，将影响甚至扼杀专业知识的发展。在儿童和家庭社会工作中，儿童的需要和状态不尽相同，异常多变，也正如此，我们的程序和解决办法不能将其全部包含其中。为了解决这一问题，我们做出了不少努力。由于要增添的内容较多，因此涵盖的范围一旦广泛起来，程序就相对复杂些。日常生活实践中，遵循这些程序就变得更加困难了。关于 Victoria Climbié 之死的调查表明，有 13 份文件涉及关于儿童服务的政策、程序以及对工作人员的指导。通过社会工作者理解实践良好的基本原则，开发应用这些原则的专门知识，同时考虑到每个儿童的具体情况，就可以更好地满足各种需要。在人们如何发展专业知识方面，Dreyfus(1986)的作品演示了他们是如何建立直觉理解和隐性知识的。作为新手，他们可以使用程序。但是，要想完全理解和掌握程序的使用，需要更近一步才好。在程序性合规被人们所期待，背离程序会受到指责的文化中，社会工作者要想发展那种专业知识，并不会受到鼓励。(Munro，2011a)

- 在当前的工作环境中，这如何反映你最近的经历呢？
- 面对不确定性规避的差异，在你的组织或跨部门工作中，你是否曾感到不安和紧张？

不确定性规避程度很低的时候，那些已经在组织工作了几年的成员很可能会被委以重任。因此，他们可能会发现“被政策和程序束缚”是更加限制性的存在。他们可能在监控受到限制、评估工具的使用是可选的并且灵活性受到重视的时候开始实践。他们需要坐在电脑前完成评估和记录程序，这会占去他们大量时间。对此，他们常常感到不满。然而，新招募成员往往更有可能被任命较高的不确定性规避偏好，或以这种方式来培训他们。也正如此，新员工的工作往往更加结构化和程序化，相对也就轻松一些。这对他们而言毫无约束感。在他们看来，不论是社工还是服务对象，在这种方式下都能享受较好的服务，因为他们的安全得到了保护。

思考点

- 你是否习惯不确定性规避？
- 在遵循政策和程序，并有详细指导的情况下，你会感到高兴吗？

如果你的回答是肯定的：

- 你是否希望服务对象了解组织政策和程序的要求？
- 对于你期待服务对象遵循的程序，如果服务对象对此发起了挑战，你将如何看待？
- 如果同工不断违反规定，你会怎么办？

如果你的回答是否定的：

- 对于狭隘的官僚主义，你会感到失望吗？
- 如果有些政策和指导方针你必须遵守，你会感到受到限制吗？
- 如果是这样的话，你会怎么做？如果你的同工条条框框特别多，你会如何反应？

对于你的组织而言，这两种方法的意义是什么呢？

对组织的影响

在不确定性规避程度高的组织中，人们更愿意遵循规则，以便降低风险。社会工作改革委员会（Social Work Reform Board，2010）已经指出，在高不确定性规避道路上，我们走得太远了。这就意味着，人们将没有信心在个人基础上做出决定，并过于拘泥于程序和政策要求。然而，在员工想要创新灵活工作之前，还是需要长时间地关注规则和程序（表 3.2）。

表 3.2　高/低不确定性规避的比较	
低不确定性规避	高不确定性规避
较少的活动结构	更多的活动结构
更少的书面规则	更多的书面规则
更多的多才多艺者和业余爱好者	更多的专家
多形式的组织结构	组织结构尽可能统一(标准化)
管理者参与战略研究	管理者参与细枝末节
管理者更注重人际关系和工作的灵活性	管理者以任务为导向,风格一致
管理者更愿意单独做决定,也愿意做有风险的决定	管理者较为保守,不愿意独自做有风险的决定
劳动力周转率高	劳动力周转率低
员工目标远大,雄心勃勃	员工倾向于平淡的工作
满意度较低	满意度较高
对不确定性规避干涉较少	对不确定性规避干涉较多

Hofstede(2001)

Munro(2011a)的报告摘录已经表明，如今，儿童部门已成为高不确定性规避团体。Munro 最后的报告明确指出，儿童部门的高不确定性规避与高质量的社会工作并不兼容。此外，为了该部门的发展，为了应对各种风险，Munro 也献计献策，给出不少建议。

> 通过对当前的问题进行审查分析，我们发现，实务工作者及其管理者受制约的因素大都源于法定指导和检查文化。许多人抱怨说，实务工作已经把重点放在遵守指导和绩效管理标准上了，但并未将这些规定作为一个指导框架，从而为儿童提供有效的帮助。我们已经得出需要对法定指导进行修订和对检查程序进行修改的结论，使专业人员能够更清楚地关注儿童的需求，并对如何为儿童和家庭提供服务做出合理的判断。(Munro，2011：39)

对一些社工而言，不确定性规避的改变好似一种解脱。有些社工很早就入职了，那个时候，整个民族文化都处于低不确定性规避的状态。而最近，他们认为高不确定性规避的方法非常具有包容性。对这些社工来说，改变不确定性规避的状态更似一种解脱。然而，最近招募的社会工作者可能会发现，适应风险规避程度较低的环境还是相当困难的。此外，不确定性规避程度较低的环境，也会让他们多少受到一些威胁。当组织努力改变他们文化的这一方面时，需要对所有相关人员给予大力支持。

男性气质强烈(与女性气质相比)

这部分探讨了生活质量的高低与情绪展示的文化差异的关系。它是关于行为上的男性化和女性化的概念，而非生物学上的男女性别差异。Hofstede(2001，Chapter 6)认为，在大多数文化和社交模式下，男人普遍更自信勇敢，女人则更有教养素质。然而，在不同的社会之中，人们对于男女行为的理解并非完全相同。在高度男性化(男性气质强)的文化中，人们控制自己的情感，少有表达情感的行为。这种文化鼓励人们自信勇敢、敢于竞争、开拓进取，最终走向成功。此外，该文化注重物质享受、社会特权、地位声望以及消费能力。在该社会类型下，人们相信每个人都能得到自己想要的东西，实现自己的目标。倘若目标没有达成，那定是因为他们工作不够努力，或者能力资质不够，因此也不配拥有。这些文化特征在过去的英国儿童文学中随处可见。受男性气质强烈的文化的影响，儿童书籍中性别角色的差异更大。在儿童读物中，父亲常常外出工作，而母亲则待在家里承担家务。男孩常被刻画为乐于探险，女孩则待在家里帮助母亲做家务。即使在今天，儿童广告中也有体现这一特点。广告中小女孩们多为安静地玩耍，彼此合作。而小男孩多进行攀岩，获取力量和速度。很多广告中，小男孩也会拿着玩具四处奔跑，活力无穷。

案例研究

我曾经有一周的时间没有得到任何支持，在我的儿子和陪护工作者外出之时，我觉得自己必须逃离这一切。我打电话给社会工作者，告知他们说，儿子和陪护工作者回来时，我不会出现在家里。而我得到的回复留言是我必须回来，待在这里。这对我来说好似噩梦一般。我儿子去了一家很远的儿童之家。儿子不在的时候，无人前来看我，至于我为什么要这么做，更是无人问津。(引述自残疾儿童的父母的话)

- 这个例子是如何说明社会工作者的强烈的男性气质的？
- 你认为这种方法对服务对象的体验有何影响？

男性气质较弱的文化认为，情感理应是开放的、共享的、有价值的和被认可的。谦逊、妥协和合作共赢被认为是有价值的。具有这些文化信念的人认为，人与人都各不相同。一些人注定没有取得成功的能力、性格和机会。社会化，是指一个人了解自己在社会中的角色，知道自己该做什么不该做什么。

在欧洲，近些年来女性更青睐高度男性化的文化。女权主义运动强调女性和男性一样强大，不必受性别或生物因素的限制。高度重视男性气质的文化中，人与人沟通时往往更加自信，也更有竞争性。然而，Lakoff(1975)发现，在人际交往中，女性仍然较少使用男性气息更明显的语言，也更容易向他人道歉(比如："我不确定这是不是一个好主意，但是……我可能错了，但是……你可能会认为这很愚蠢……你可能不喜欢我要说的，但……")。此外，女性更可能承担责任，更愿意理解误会，更有可能站在对方的角度想问题。此外，女性也不太愿意强化自己的想法，或把自己的想法强加于他人。Tannen(2001)发现，即使在英国和美国这样的男性气质较弱的国家，男性在会议上的谈话时间也会更长。会议上，女性虽提交40%的文案，占出席人数的42%，但所提出的问题总数仅占会议所有提出问题的27%。

思考点

在下一次的团队会议或培训活动中，请注意：

- 谁先说话(是男性还是女性)？
- 谁说话时间最长？
- 谁打断了别人？
- 谁说了算？

你对此有何看法？

在社会照料中，你认为这些对男性气质—女性气质连续统一体有何影响？

随着西方文化变得更加追求平等，女性也表现出男性气质强烈和高度个性化的特征，而男性则表现出男性气质弱的偏好。对遵循传统行为的女性，一定程度上，人们往往不耐烦、不容忍也不理解。传统观念下，一些女性会戴头巾或穿罩袍，喜欢做传统的“家庭主妇”。她们愿意跟在丈夫身后。倘若丈夫不在，她们也不会接受非家庭成员的来访。这会引起一些批评。即使女性社会工作者知道这是不合理的，但是，考虑到自己的前程，为了构建一个男性气质较弱的社会，她们只是选择沉默。

另一方面，对于那些拥有强烈男性气质的女性，也有些人觉得难以容忍。一些女性非常自信，希望能与男性公平公开地竞争，但她们也会受到蔑视。的确，倘若一名女性和男性同样果断勇敢，人们往往会认为这名女性咄咄逼人，气势太盛。此外，人们也会用对这样的女性议论纷纷。但是，如果是男性做了这种事情，大家并不会过多评论。在许多社会中，男女之间、不同亚文化群体之间和不同世代之间，男性气质仍然饱受争议。

案例研究

Trudi 出生于德国。18 个月前，她来到英国，在一个成人服务团队工作。该团队曾经处境艰难，员工短缺，面临重组，工作量大，需求不断，每个人都倍感压力。通常情况下，处理的工作越多，压力就会越大。尽管有些工作已经超出了他们的能力范围，但许多员工仍无法拒绝。Trudi 则相反，她一贯拒绝接受任何此类的新工作。当被问及为何拒绝时，她非常自信地回答道：现在，虽然她的工作量在团队中最低，但是她所做的工作仍然比规定的要求多得多。在团队会议上，Trudi 也很爱主动发言，经常向管理者公开挑战。但是，同事之间的非正式讨论她很少参加。同事们开始认为她缺乏同情心，过于自我，认定她不是一个好的团队合作者。而对于 Trudi 来说，她不明白为何同事与她的关系越来越差，她想不明白。

- 男性气质维度的差异会如何影响行为方式上的差异？
- 如何理解男性气质强烈有助于讨论文化的不同和经历的差异？
- 对于强烈的男性气质和正在发生的事情，你将如何与 Trudi 展开讨论？

具有强烈的男性气质文化的国家可以用迥然不同的方式来展示这些差异。在意大利，女性担任“配角”，电视节目和政治形势都表明这是一个非常男性化的世界。在日本，男性气质也是很明显的。虽然正式交流中男女都很有礼貌，但是因为竞争力和自信的重要性，男性气质也深受人们重视。北欧国家的男性气质往往最弱；儿童保育设施受到认真对待，父权受到高度重视，妇女在政治和商业中担任许多高级职位。他们对于犯了罪的儿童的教育方法可能是一个很好的社会指标，这个社会重视教养，理解和个人发展，而不是报复、惩罚和责备。

思考点

- 关于男性气质和女性气质，你是如何看待的？
- 对于倡导自信和控制情绪的环境，你是否支持？

如果你的回答是肯定的：

- 你如何回应服务对象的情绪反应？
- 你如何看待人们公开且有力地表达自己的观点？
- 你认为与同事和服务对象交流时，如何拿捏自信的程度？
- 你希望从同事或其他组织中得到怎样的尊重？

如果你的回答是否定的：

- 你是否担心服务对象无法表达他们的感受？
- 如果服务对象非常自信且富有挑战性，你会感到不适吗？
- 你如何和一个自信满满、雄心勃勃的同事一起工作？
- 如何安全地对他人的教养行为表达关心？

对组织的影响

在 Hofstede 进行研究之时，英国的男性气质相对还是较强的。表 3.3 表明，目前的情况更加模糊，而且对于其中的一些指标，社会照料组织中的男性气质更弱一些。有些女性在董事会中地位较高，这个时候男性气质也相对弱一些。然而，通过表格我们发现，讨论组织机构的男性气质强弱时，性别的影响因素小了许多，人们开始关注更多其他方面的因素。

表 3.3　强/弱男性气质组织的比较

弱男性气质	强男性气质
一些年轻人想要工作，也有一些不想工作	年轻人都期待事业发展，工作消极之人被看作是失败者

（续表）

弱男性气质	强男性气质
组织不应该干涉人们的私人生活	组织有权干涉人们的私人生活
更多女性从事好工作，取得高薪资	较少女性从事好工作，取得高薪资
从事好工作的女性不够自信	拿到好工作的女性信心满满
工作压力较小，竞争冲突较少	更高的工作压力与更多的产业冲突
职务重组诉求：允许群组整合	职务重组诉求：允许个人取得成就

Hofstede(2001)

高度个人主义与集体主义

这一部分我们将描述个体是如何看待自身所需承担的责任的。在某种程度上，对于个人而言，身处集体之中少不了旁人的议论。在英国，许多社会工作的实践都鼓励服务对象发展其独立性和自主性。然而在其他文化中，鼓励独立性并非是人们所追求的。

高度个人主义意味着每个人都要以自我为中心。在这种情况下，其他人会被认为是竞争者。人的发展依赖个体，每个人也都以自我为中心不断发展。

集体主义文化(低个人主义)由紧密的社区关系组成。社区中，人们以群体为单位发展，群体之间相互照应，互帮互助。“群”(group)的定义极其重要：包括谁，不包括谁。在集体主义组织中，人与人之间的关系相当重要，甚至比有些工作更为重要。有需要的时候，小组成员会寻找其他人来帮助他们。也许，最著名的集体主义团体是美国兰开斯特县的阿米什人。他们拒绝个人主义，拒绝吹嘘个人。作为一个群体，他们接受“平等”，自给自足，也会进行小组成员之间的合作。他们重视谦逊的品格，也重视人们对团队规范的遵守。团队之中人人平等，不会有高低贵贱之分。

关于动机理论(motivational theory)，有一说法颇为有趣。基于欧美的标准，马斯洛(Maslow，1954)将自我效能(self-efficacy)放在他需求层次金字塔的顶端。然而，遵循集体主义文化的人对此不以为然。因为在他们看来，团队的成功比个人的成就重要得多。在高度个人主义文化中，人们接受自夸和傲慢。然而，在集体主义文化中，这些是不被认可的。个人主义或集体主义对组织行为的影响，或许是 Hofstede 研究的最重要部分。

案例研究

通过职位资格奖来指导一位经验丰富且高效的社会工作者时，督导注意到，这位社会工作者在谈论她的才能和成就时，显得有些不自然，对自身成就的描述过于轻描淡写。在与她探讨这个问题时，这位社会工作者解释说，她在挪威的一个小镇长大，由中年父母抚养，且父母都是中产阶级。"尽管他们想让我取得好成绩，在学术上有所造诣。但是，对我们所生活的社会来说，'beskjedenhet'才是最重要的，是最重要的素质。'beskjedenden'的意思是'谦虚'或'谦让'。'Beskjeden'并不是指对自己没有信心或怀疑自我的价值，而是说，在某种程度上，我们要尊重他人，相信他人。不能过于自信，不能因为价值体系不同就轻视他人。"

（挪威是个人主义程度较低的国家，但权力距离也很低，这就使得人们具有自我强化的克制态度。）

高度个人主义文化与集体主义文化处理冲突的方式也是不一样的。在高度个人主义文化中，冲突直接通过竞争和解决问题来处理。高度个人主义文化鼓励每个人公开说出自己的想法，表达自己的需要和权利，即使这样做会伤害周围的人，也没有关系。集体主义文化解决冲突的方式较为间接，试图保持人与人之间的和谐关系。集体主义文化更希望通过发展团队合作、花时间沟通和谈判来解决冲突。此外，集体主义文化更倾向于通过协商解决冲突。

个人主义影响期望、承诺和行为决策的模式。个人主义者希望避免屈服于权威人士，喜欢自己做事。集体主义者更容易接受同事的建议，并对同事的提示做出回应，从而营造出更加和谐的工作环境。

在高度个人主义的文化中，孩子们将被社会化，并对自己的需要负责：他们要自己吃饭，自己穿衣，照顾自己，不对他人提出过多要求。家庭的范围较小，不包括远房亲戚和左邻右舍，自给自足相当重要。这样的家庭不愿参与家庭调解会议，远离各种帮助并聚焦于问题解决。另外，对他们而言，儿童保护服务在一定程度上侵犯了儿童的人权，因为儿童服务干涉了儿童的个人事务。

案例研究

Maurice来自加纳，是一名黑人社会工作专业的学生。第二次实习令他痛苦不堪。他的第一次实习要求不高，因此相对轻松一些。而如今，他的第二次实习是在一个儿童小组进行初步评估的工作。工作中，他时常遇到处于危机中的家庭。

实习督导对他很是担心。有时，在面试开始时，Maurice对家庭成员说话含糊不清，显得不是特别关心，他似乎要花很长时间才能说到重点。此外，对于父母告诉Maurice的话，Maurice通常全然接受。必要时也不会质问对方。督导想要知道，这是否表明Maurice不够自信，缺乏批判分析形势的能力。

在督导和Maurice谈她所担心的问题时，Maurice承认自己不太敢质疑家长的观点。因为在他的国家，尊严和良好的声誉是很重要的。人们在讨论时要尽量保持和睦，以避免给任何人造成不快或尴尬。此外，在沟通方式上，加纳人更间接，而且经常以更为婉转的方式传递信息，轻易不会冒犯他人。此外，在加纳，人们认为老人是智者，是明智的，在家庭中具有更高的地位。通常，老人会根据家庭利益做出最好的决定。

（Hofstede的原始分析很少涉及非洲国家。但这些行为也已表明其文化期望倾向于集体主义和高权力距离。）

相反，在个人主义程度非常低的文化中，似乎没有对“我”的重视，一切都会以“我们”为中心。

思考点

- 你认为自己更倾向于个人主义还是集体主义？
- 新环境中，你认为自己能否很好地调节自己适应新环境呢？

如果你的回答是肯定的：

- 你如何保持你的个性？
- 如果同事让你承担集体责任，你会怎么做？
- 有些服务对象对家庭十分恭敬，你会如何看待他们？
- 对于其他组织的同事，你希望得到什么样的尊重？

如果你的回答是否定的：

- 你是否认为团队积极合作、鼓励合作、进行社交活动是十分重要的？如果是的话，为了促进这些，你能做些什么呢？
- 在与服务对象合作中建立协作方法的过程中，你觉得什么是非常重要的？你如何在自己的实践中和团队内部实现这一目标？
- 很多跨学科的工作很难进行集体合作，你认为这些工作有何不同？

对组织的影响

个人主义和集体主义所关注的是人们如何互相联系。因此，从某些角度来看，它是组织内最重要的方面。在一个高度个人主义的组织中，人们可以畅所欲言，不必担心旁人听了心有不快。人们可以自由地说出自己的想法，并且“只管说自己的，不用看他人脸色”（Guirdham，2005：100）。在一个社会工作组织中，组织或许会对高度个人主义心生反感。然而，对于加强集体主义，也可能关注不多。但是，对于那些高度个性化的服务对象也很少有人关注。因此，如果文化更加注重集体主义，一些社会工作者可能没有办法更好地表达自己。

集体主义与个人主义的话题为组织提供了一个难题，让组织知道如何定位自己。个人主义鼓励人们为自己承担责任，避免屈从于权威和集体主义，努力实现和谐的工作关系（见表3.4）。

表3.4　高/低个人主义的比较

低个人主义	高个人主义
个人与组织依赖于道德价值	个人与组织依赖于经营管理
员工希望组织像家人一样看待他们，如果被组织抛弃，他们会异常孤独	组织不会照顾员工一辈子
组织对个人的发展有很大的影响	组织对个人的发展有一定影响
员工希望组织维护他们的利益	员工希望自己维护自己的利益
政策与实践基于人们的忠诚度和责任感	政策和实践中允许有个人主观能动性
加薪晋职聚焦于本组织内部	加薪晋职，内部和外部都可推选
按资历进行提升	根据业绩提升员工
管理理念不盲目追风	管理者紧跟时代潮流，认可现代管理理念
政策和做法根据关系（特殊主义）而有所不同	政策和实践适用于所有人（普遍主义）

Hofstede（2001）

结论

本章探讨了一种理解多样性的特殊模式。虽然该模式是通过研究国家文化发展而来的，但它同样适用于组织内部的文化。它强调在不同的组织文化中，人们所受评价不尽相同。此外，社工与他们的互动也会受到文化差异的影响。社会工作者需要对自己的和服务对象的文化规范时刻保持警惕。每种文化在其他文化中都可能有不同的文化理解。公开讨论文化规范和多样性，可能对工作关系的发展大有裨益。

本章中有待与你的督导讨论的议题

1. 你认为你是处于哪个维度的呢?
2. 你认为你的组织在哪个维度上呢?
3. 你对组织文化的适应程度如何?
4. 你需要如何适应组织文化呢?
5. 组织文化的变化对你的工作会有哪些影响?

拓展阅读

Harrison, R., Harvey, R. and Maclean, S. (2010) *Developing Cultural Competence in Social and Health Care.* Staffordshire: Kirwin Maclean Associates Ltd.

Hofstede, G. www.geerthofstede.nl/geert.aspx – for Hofstede's own website.

Hofstede, G. www.geert-hofstede.com/hofstede_dimensions.php – for a summary of the positions of different countries on the four dimensions.

Reder, P., Duncan, S. and Gray, M. (1993) *Beyond Blame: Child Abuse Tragedies Revisited.* London: Routledge.

Tannen, D. (1989) *That's Not What I Meant.* London: Virago.

Tannen, D. (1995) *Talking From 9 to 5: Women and Men at Work.* London: Virago.

Tannen, D. (2001) *You Just Don't Understand: Men and Women in Conversation.* London: Virago.

Tseung, W. and Hsu, J. (1979) 'Culture and psychotherapy.' In A.J. Marsella, R. Thorp and T. Giborowski (eds) *Perspectives on Cross-Cultural Psychology*. New York, NY: Academic Press.

Vaughan, M. (1977) 'Overseas students: some cultural clues.' *UKCOSA News 9*, 1, Spring/ Summer.

第四章

学习风格

核心内容

- 关于人们如何学习的理论。
- 我们应该了解自己的学习风格和个人偏好。
- 然后我们借此确定他人的学习风格和个人偏好。
- 我们可以调整自己的学习风格和交流方式，以配合他人的优势，帮助他们发展不太擅长的学习风格。

引言

与服务对象及同工合作时(特别是长期合作)，一个重要方面就是要了解他们是如何学习的。我们的大多数工作都涉及需要培养生活技能和学习新操作方法的人群。家长需要提升照顾孩子的能力，学习儿童发展阶段方面的知识并了解该如何改变自己的反应，以适应孩子的发展水平。随着身体移动性和灵活性的降低，老年人需要学习如何应对环境，如何适应可能与先前大不相同的生活模式，如工作一辈子后的退休生活。青少年需要发展他们的后续思维技巧，以便预测自己行为的结果。作为实务工作者，我们也一直在学习，并且需要对自己如何学习，以及同工又如何以完全不同的方式学习有一定敏感度。学习风格是人与人之间的众多差异之一，因此，在考虑多样性问题时，它是一个重要的因素。

学习周期

随着反思性实践的压力增加(Munro，2011a；SWRB，2010)，Kolb 提出了反思性实践的基础模型(Morrison，2010)，并提出了在学习周期的基础上观察人们如何吸收信息的概念。许多社工将完成学习风格调查问卷作为培训的一部分，但在这之后却将其作为被动知识，而不是积极地利用学习周期，从周期的各方面学习技能，并对服务对象的偏好保持警觉，以便使双方的交流互动与这些偏好相适应。

Kolb 模型(1984)与智力水平或个人认知能力无关，而与每个人如何深入地理解新经验和新知识有关。Kolb 认为，为了深入学习，我们需要经历四个阶段。

这四个阶段是：

1. 具体经验——积极体验日常工作；
2. 反思观察——进行反思以理解知识；
3. 抽象概念化——了解经验如何与先前的知识及对世界的理解相适应；
4. 积极实验——观察新知识是否在实践中再次生效。

以上四个阶段如图 4.1 所示：

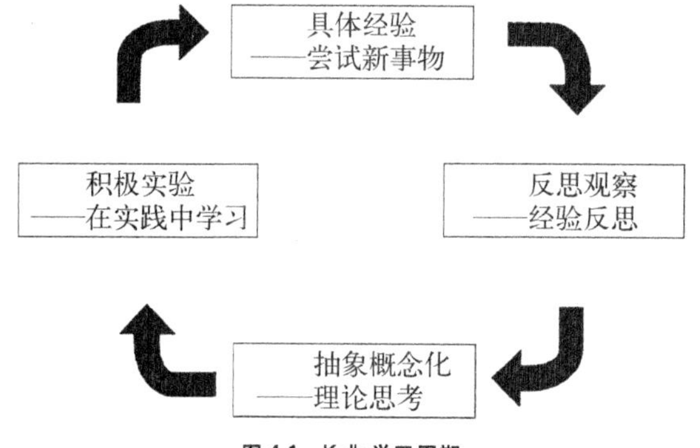

图 4.1　Kolb 学习周期

图 4.1 表明，为了学习，人们必须一直遵循这一周期。通过观察孩子玩耍，我们通常可以直观地看到整个循环周期。孩子玩耍时，会坐下来思考或谈论自己一直在做什么。他们常常会提出问题，并在游戏再次开始之前，尝试将游戏融入自己当下理解的世界模型中，看看它是否真的会再次发挥作用。

然而，正如一些孩子会比其他孩子更容易被观察到经历以上四个阶段，作为成年人，我们中的一些人也更擅长走完四个阶段。

下面是这一学习周期的实例：

案例研究

Mary 是一位刚入职的社工，被要求观看同工使用升降机抬起 Joe。Joe 是个 10 岁的孩子，身体严重残疾。当时 Mary 只是按照要求行事，站在旁边观察事情的发展(具体经验)。

当 Mary 事后想到这件事时，她很想知道 Joe 对自己站在旁边有什么想法。她意识到自己根本没有和他说过话，也不确定自己当时扮演了什么角色(反思观察)。

Mary 决定查阅该机构的移动及操作规定。查阅规定时，Mary 发现在场的另一个人需要协助使用升降机，并提供其他帮助。她又看了该机构的《儿童权利章程》，仔细思考了儿童的选择权以及受到尊重和保护的权利等相关内容(抽象概念化)。

Mary 决定，下次协助移动和吊升时，要首先和孩子说话，确保孩子知道自己是谁，并且乐意得到自己的帮助。她还会同另一名社工协商好，在移动孩子期间各自需要做些什么，并确保在每个阶段都与孩子有所交流，让孩子获得安全感(积极实验)。

利用 Kolb 模型，想出工作中发生的一次事件(可以是很简单的某件事)，完成表 4.1。

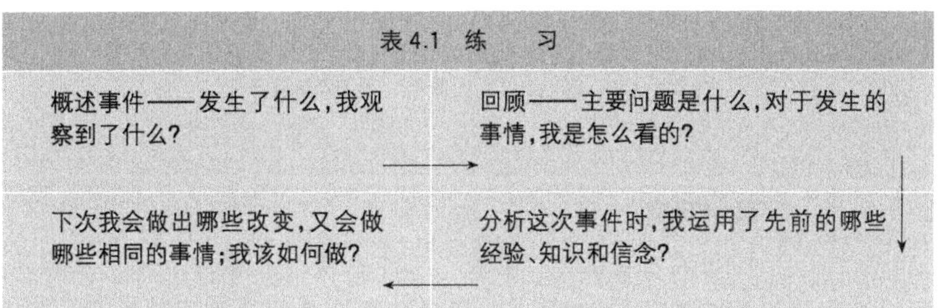

表 4.1 练　　习

概述事件——发生了什么，我观察到了什么？ →	回顾——主要问题是什么，对于发生的事情，我是怎么看的？ ↓
下次我会做出哪些改变，又会做哪些相同的事情；我该如何做？ ←	分析这次事件时，我运用了先前的哪些经验、知识和信念？

问卷调查

Honey 和 Mumford(1982，1983，2006)进一步发展了 Kolb 提出的学习风格，认为所有人都有自己偏好的学习方式。他们设计了一份调查问卷，这份问卷能帮助所有人找出自己的学习风格偏好。问卷结果表明，大多数人都以一种或两种风格学习，通过这一种或两种风格学习时，往往比通过其他风格学习更有自信，也更有效率。这些偏好可见于图 4.2。

Honey 与 Mumford 开发的学习风格调查问卷让每个人在完成问卷的同时，探索自己的学习偏好。这些偏好会随着时间的推移而变化，取决于环境和个人生活中出现的各种需求，如角色或工作的改变，因此学习偏好并不是一成不变且不可逆转的，认识到这一点十分重要。

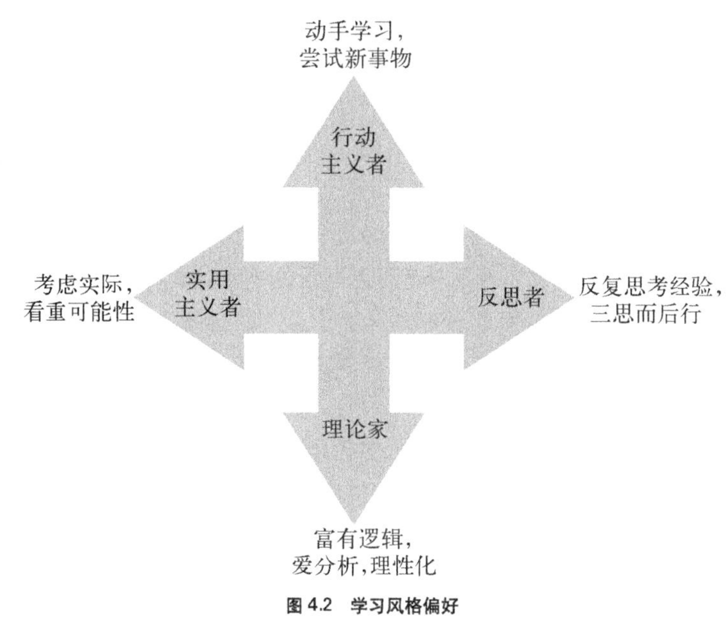

图 4.2 学习风格偏好

案例研究

Ellie 在社会工作“前线”工作六年后，参加了一个在职职业资格课程，在那期间，她完成了一份学习风格调查问卷。调查结果显示，她当时偏好的学习风格是“积极行动主义者”。十年后，Ellie 退出了直接的社会工作实务，并花了五年时间担任实务教师和顾问。Ellie 再次填写了调查问卷，这一次，她发现自己偏好的学习风格是“反思者”。

所有此类调查问卷只是选择性偏好，可能会受以下几个因素影响：填表人对自己的诚实程度；填表时的心理感受；当时从事的工作以及他们心中的“正确”答案。但实际上并没有什么“正确”答案。

与学习风格相关的偏好

在与服务对象和同工规划工作时，能够识别与不同学习风格相关联的偏好很有帮助。

行动主义者在以下情境中学习效果最好

- 有新的经验可供学习；
- 可以专心参与当下的活动；
- 有各种各样的活动；
- 可以在不受限制的情况下产生新的想法；
- 与他人沟通交流；
- 可以不断地尝试。

案例研究

Ashok 是个在福利院长大的孤儿，一直跟一群经常在社区里惹麻烦的年轻人混在一起。他偷过几辆自行车，还给一家商店造成过轻微的损失，为此他收到了警方的警告。Ashok 觉得自己的所作所为只是开开玩笑，但也承认是受到了他人怂恿，而自己又不想在他们面前丢脸。Ashok 的社工认为，如果不做出任何改变，不久之后他就会犯下严重的刑事罪，并发现他自己正在"走下坡路"。

Ashok 发现自己很难坐得住，总是会找点儿东西摆弄；在摆弄机械比如拆卸、重新组装自行车时，Ashok 是最开心的。于是，Ashok 的社工帮他在当地找了个改装赛车的工作。组装的每一个阶段都需要体力劳动，例如组装、测试汽车，而且团队合作能够帮助建立自尊、自信，约束冲动行为。这份工作很适合 Ashok，他会更加留心自己的行为和所做的选择，同时也能让他高效地参与一项自己热爱的活动，而且还有人能和他共同分享这份热情。

反思者在以下情境中学习效果最好

- 可以对活动进行观察和思考；
- 可以置身事外；
- 有时间思考和准备；
- 可以研究；
- 可以回顾；

- 要求他们撰写报告；
- 可以在不受干扰的环境中交换意见；
- 可以按照自己设定的截止时间工作。

案例研究

Darren 有很强的毒瘾，一直在利用美沙酮戒毒。Darren 曾与他的社工进行过长时间讨论，内容涉及毒品与目前使用的美沙酮对自己造成的影响有何不同。

Darren 目前住在一家小旅馆里，虽然他很想自己租一间房子住，但却一直没有时间和房屋中介见面。

Darren 非常热衷于花时间研究自己对人生的理解是怎样的，也想看看戒毒对自己、对家人会产生什么样的影响。

Darren 曾表示想要更深入地了解毒品是怎样对身体起作用的，还有戒毒的过程究竟是什么样的，以便制订最好、最简单的方案戒掉美沙酮，因为他知道自己需要思考如何克服眼前的困难。

在与 Darren 接下来几个月的合作中，我们的目标应该集中于以上领域，并督促他沿着学习周期，将自己的想法付诸行动。

理论家在以下情境中学习效果最好

- 有趣的理论；
- 有时间探索新想法；
- 有机会提出质疑；
- 智力获得发展；
- 有提前安排好的情境，并有明确目的；
- 可以阅读有逻辑的思想和概念；
- 可以分析成败；
- 可以参与复杂的情境。

案例研究

Richard 对自己的女儿及其朋友进行了性侵。他在监狱参加了性犯罪者治疗计划，目前暂住在一家旅馆里。Richard 正在参加复发预防小组，他会刨根问底地向导师请教，努力理解导师教授的内容，往往很快就能发现前后矛盾的地方。

Richard很想再次见到女儿。他希望能够说服女儿的社工，让对方相信自己是一个身心健康的人。

Richard学习了很多关于性犯罪的模型和理论，常常会质疑与行为有关的新提议，直到他发现这些想法是如何与自己现在所熟知的概念相吻合的。

Richard热衷于研究手头的目标，并探索如何将新知识与现有的模型相结合，同时也很喜欢一些更具实践性的目标，以便将自己的想法和理论应用于日常生活中。

实用主义者在以下情境中学习效果最好

- 主题与其工作之间存在相关性；
- 可以对事物进行检测并获取反馈；
- 可以模仿他人提供的模型；
- 观察适用于其工作的技术；
- 可以应用所学知识；
- 学习活动具有有效性；
- 可以专注于实际问题。

案例研究

Wayne最近开始与新伴侣Sue以及他们刚出生不久的儿子一起生活。Wayne曾殴打过前女友，但他知道，如果在这段关系中发生类似事情，Sue一定会让自己离开。他曾参加过愤怒管理训练，但却表示无法理解这一训练的意义。他从未考虑过性别和权力方面的问题，也不相信谈话会对自己的生活方式产生影响。

社工意识到现在是对Wayne进行介入的好机会；Wayne比以前更有动力，因为他想跟Sue和儿子住在一起，而且知道自己只有一次机会。Wayne表示自己想要一些更为实际的目标，能立刻见效：如果我付出某些行动，她就愿意留下来，努力去发现我究竟做了什么。他说，如果发现这些目标有意义，且卓有成效，他就会试一试。

思考点

想出一个最近学习新知识的正面例子——在一个全新的实践领域学到的新技能、获取的新信息或处理某事的新方式。

- 你是如何学到新知识的？
- 为什么这是一次正面的学习经历？
- 通过这次经历，你是否了解了自己通常是如何学习新事物的？

案例研究

最近，在一次为养父母举办的培训活动中，一小部分参与者在休息时间交谈了一会儿，最后一起得出结论：学习资料的进度太慢了。休息结束后，他们非常激烈地表达了这种观点，但其他几个没有参加该次讨论的人却表达了相反的观点，称目前的进度刚刚好。其中一位参与者后来表示自己很惊讶，竟然有人会和茶歇讨论小组的集体看法不一样。有时候，我们会忘记其他人对世界的体验与我们自己的并不相同。

如前所述，Honey 与 Mumford(2006)非常清楚地解释了四种学习风格的人各自偏好的学习方式。该系列中的《社会工作督导》(*Mastering Social Work Supervision*，Wonnacott，2010)也涵盖了这些学习方式差异与督导过程的相关性。督导过程中的每个阶段都至关重要，我们每个人都必须努力学习。但在这个过程中他人并不能为我们做什么，我们必须亲力亲为。在如今这个繁忙的社会中，我们很容易陷入一个小循环，我们会做某事，然后又会再做一次，但有时候仅仅只是更努力地去做罢了。正是反思阶段为我们这些行为增加价值，否则就算我们拥有多年经验，也不能从中学到任何东西。

然而，根据社会照料部门的工作人员完成的调查问卷，笔者发现，调查结果并不像 Honey 与 Mumford(1982，1983)所解释的那样，能够反映整个集体的偏好。在不考虑其他组织和团体的情况下，实务工作者可能会认为自己工作场所的学习风格概况是常态，而且在更广阔的外部世界中也是如此。为数众多的四项感化服务工作人员(每项服务中的全部工作人员都参与其中)完成调查问卷后，我们得出了以下数据分布：

反思者：55%

理论家：25%

实用主义者：略高于 10%

行动主义者：略低于 10%

（Gast，2000，未出版）

笔者最近的经验表明，在社会照料团队中，这一数据分布比例也大体相同。在这些组织中，首选的学习方式就是坐下来，最好是一小群人一起，花点儿时间“咀嚼”知识。传统上，服务对象走入办公室就座，被要求反思她/他最近的经历，虽然这种学习偏好很适合社工，但却不一定符合服务对象的学习偏好。在更广阔的外部世界中，人们偏好更积极的学习方式，他们通过实践来学习，因此，社会照料被视为“谈话过多、行动过少的行业”。

为了更有效地与服务对象开展合作，实务工作者需要了解服务对象的学习优势和偏好。例如，一些服务对象可能会觉得结构化学习比较难。他们可能没有那么多正式经验，因此以这种方式学习的能力还未得到发展，又或者以这种方式学习的经验是消极的。无论是陪护人、父母还是药物滥用者，对他们来说，团队协作虽然能够建立起正式的学习环境，但却会妨碍那些在学校里表现不佳的人投入学习当中。作为实务工作者，我们需要更加努力地利用环境来帮助对象发挥学习优势，并小心地开发服务对象的其他学习阶段。“他总是从实际的事情入手，着眼于能帮助我们重新开始的事情。然后又让我们去上育儿班，鼓励我多多谈论前妻。这才是我真正需要的。”（一位难民父亲在谈论他的社工时说道）

然而，仅仅因为一个人偏好某种特定的学习方式，并不意味着他无法运用其他学习方式。有些人运用四种学习方式的能力非常均衡，虽然大多数实务工作者对个别学习风格和学习阶段的熟练程度稍差，但他们也已经能够运用每一种风格和阶段了。

案例研究

我知道他的阅读和写作能力比较弱，所以就用一张照片帮助他回想孩子的需求。但我却没有考虑到他的学习风格。尽管我给了他一张照片，但当他坐在一张桌子前，面对一张纸质任务书时，还是被吓到了。他确实有很多见解，但只有通过实践活动，我才能引他说出自己的见解。（引述自

一名学生社工与一名有阅读障碍的行为主义孩子交流时所说的话)

思考点

- 你对自己的学习方式了解多少?
- 你运用自己偏好的学习方式的能力有多强?
- 你如何运用较弱的那种学习能力?
- 你对督导/被督导者的学习方式了解多少?
- 你如何培养对服务对象学习风格的感知能力?
- 你如何看待自己学习风格之间的差异或相似之处?
- 你是否会根据这些差异,用不同的方式向不同的人展示材料?
- 在帮助不同的人提升学习潜力时,你如何调整所使用的材料?
- 在训练中,课程往往依据不同的学习风格设计,你如何识别其中的不同之处?
- 将人们不同的学习风格当作极其重要的东西,而不是将其视作不同人之间的标签,或是当作不专注于其他风格的借口,这是一件简单的事吗?

反思性实践

对于反思性实践,社工自然需要走完一整个周期(见图 4.3)。“职业发展需要利用实际经验,从经验中学习知识,对经验进行反思,并参考价值观、理论和研究对其进行分析,借此开发新的行为模式,然后通过进一步的实际经验进行检测。”(Morrison,2001:57)由于个人有所偏好,且工作环境压力大,社工往往不能有效地完成周期中的所有要素,而是略过不太喜欢的阶段来实现实践计划,这对他们来说比较简单。项目督导学习该模式已经有好几年了,但每个实务工作者都需要将其应用于日常工作中。深入的案例分析(Reder et al.,1993)表明,在对反思和分析不够重视的情况下,不论是针对实际经验还是行动规划,想出“权宜之计”总是非常容易的。

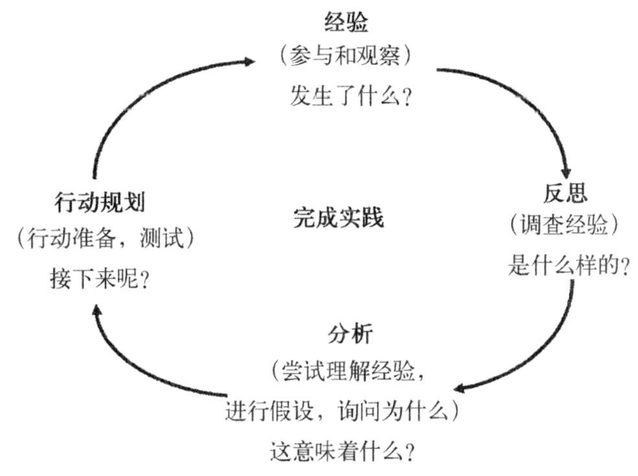

图 4.3　利用周期完成实践工作

视觉、听觉、动觉（VAK）学习风格

获取信息偏好的另一种分类方法是视觉、听觉和动觉学习风格模型。这是可以观察人们如何学习，也可以应用于服务对象的更为简便的方法之一，同时也广泛应用于教育系统。然而，不论是对学习者本身，还是对沟通的有效性来说，应用这种方法的简便性不应掩盖其重要性。

视觉学习者利用眼睛获取信息时效率最高。为了理解接收到的内容，他们希望能以某种具体形式观察信息。许多人都有这种偏好，这就是为什么许多演讲人、教师等都会使用某种视觉上的辅助。例如，当一个年轻的服务对象需要学习一项新活动，如基本的儿童保育时，对视觉学习者来说，必要的过程演示比口头描述更能帮助他们理解该怎么做。将所需技能视觉化能更好地帮助学习者内化所学知识。视觉学习者喜欢通过写下或画出心中所想来激发新创意，他们通常更愿意在纸上看到要讨论的内容。

而听觉学习者则更喜欢听到对要求的口头描述，能够根据听到的内容来理解世界。他们的表达能力可能会比一般人强一些，也能清楚地说出他人对自己的期望以及自己正在做些什么。听觉学习者更倾向于通过听觉了解周围发生的事情，因此对外界声音极其敏感，不过这些声音很容易分散他们的注意力。他们往往需要通过与他人沟通来激发灵感，只有大声说出某样东西时，他们才会觉得真实。因此，在和听觉型服务对象一起工作时，当对象自言自语的时候，社工需要保持耐心，若想知道对象究竟吸收了多少知识，最有效的方法就是让他们说出自己的理解。

动觉学习者则通过获取身体感觉和体验身体感觉来获取信息，仿佛大脑中留有身体肌肉活动的印记，然后凭“感觉”行事。学习肢体运动的人能感觉到身体的运动，理解身体需要做些什么，然后准确地再现该动作。例如，一个多年没有骑过自行车的人可以立即重新开始骑车，尽管一开始会有点儿不稳。动觉也包括情绪，因为情感感觉和身体感觉在大脑中往往联系紧密。因此，通过不断尝试、行动和体验，动觉学习者能够获得最佳学习效果。

事实上，大多数人运用三种偏好一起学习时效果最好，因为其他两种模式能够增强起主导作用的学习模式。例如，视觉学习者必须获得视觉输入，若想达到这一目的，他必须得到动觉和听觉的帮助。然而，当视觉学习者参加讲座时，由于讲座信息只通过口头传递，所以对他来说情况有些不利，正如听觉学习者面前只有一份文件一样。正因如此，如今许多讲座既有口头讲述，又有幻灯片演示。传统的教学方法是口述和板书（听觉和视觉），而写作（视觉和动觉）则能帮助学习者吸收信息，表达自己的想法。

实际应用

要成为一名高效的实务工作者，社工需要发展结合三种风格的沟通技巧，即利用视觉、声音和动作的多感官学习法。其实，大多数人都会利用这三种感官进行学习。为了与服务对象更好地沟通，社工应使用服务对象的偏好模式，但同时也需要通过其他两个模式加强沟通。

偏好不同的人会使用不同的语言，通过练习，社工能够根据人们使用的词汇推算出他们的偏好。

偏好通过视觉学习的人会说：

- 我看明白你的意思了，能想象得到。
- 看起来不错。
- 看着真叫人喜欢。

- 完全没法儿想象。
- 我看明白了。

偏好通过听觉学习的人会说：

- 我听到你说什么了。
- 听起来不错。
- 听起来不对。
- 听我说！
- 真是悦耳动听。

偏好通过动觉学习的人会说：

- 感觉不错。
- 我了解了。
- 我可以掌握。
- 我们一起掌握它们吧。
- 我可以搞清楚。

以上所有句子都是有关理解的，而不是相关的实际身体体验。使用错误的语言可能会让听话者离自己越来越远，对方很有可能无法理解你想说的话，弄不清你说话的重点是什么，甚至不明白你到底在说什么。

天生的学习偏好需要经过生活经验的打磨。无论我们天生的偏好是什么，大多数人越来越习惯通过科技接收视觉信息，一种新的"语言"借由短信息服务的形式应运而生。对大多数青少年来说，新科技毫无疑问地成了生活的一部分，理应成为学习资源。有些青少年会通过电脑游戏(需要快速反应能力和注意力，但却不需要口头交流)来积累视觉体验。然而，对这种行为可能造成的后果(如果有的话)的相关研究却很少。

Byron 的评论(2008)着眼于儿童通过玩游戏能学到什么技能的相关研究，发现这些技能主要包括视觉注意力、反应时间和认知技能的发展，如空间感知能力、战略性思维、做规划和假设性检验(Durkin & Barber，2002)。她还发现最近的研究表明，在计算机屏幕上接受培训后，六岁儿童的决策力和注意力能够取得进步(Rueda et al.，2005)。

近来，有人猜测视频游戏可以增强儿童的灵活性(从一项任务转移到另一项任务的能力)和行为抑制能力(防止自己做出不当行为的能力)(Goswami，2008)。正如 Byron(2008：155)表示的："这将对儿童调节思想和行为的能力产生重大影响，这一能力是儿童成长时遇到的难题之一，但对儿童来说极有益处。”然而，她指出，目前没有人研究通过视频游戏是否能够大幅度提升认知能力，以及通过视频游戏获得的能力是否可以转移到“现实生活”中。通过进一步研究，我们能够更加了解以上提及的领域，以便确定这些领域对儿童和成人的学习和发展有何实际作用。

与在沟通和学习方面有困难的人群合作也能为我们提供帮助。许多研究表明(e.g. Goleman，1996；Gross，2008)，自闭症患者很难理解他人细微的面部表情，也无法理解表情变化的动觉本质所传达的情绪。因此，与他们沟通时应该更加直接、更加明确。但是，自闭症患者一般都是视觉学习者；相较于听到的内容，他们更容易理解看到的东西，因此支持口头交流的视觉策略通常非常有用。图片、符号、标记、照片和参考物都有利于与自闭症患者进行口头交流。这些辅助物品不仅更容易理解，而且是可预测的，因此引起焦虑或减损所传达的信息的可能性比较小；而人则是不可预测的，容易让自闭症患者变得焦虑。因此物品更加稳定可靠。对于许多说话有一定困难的孩子来说，口头交流与手势相结合会有所帮助；因为通过手势或图片来辅助口头表达减轻了他们必须表达流畅的压力。

视频也能帮助有学习困难的儿童和成人。例如，对患自闭症青少年的研究发现，视频能够向他们展示积极的行为，鼓励他们提升社交技巧并教授他们完成一系列任务。在播放一段“如何”执行特定任务的录像时，这些青年人学会了通过模仿在视频中看到的行为来准确地完成任务。在另一个例子中，一位母亲录制了一段“预演”视频，告诉儿子去新学校时应该怎么做：打开储物柜，从大厅走到教室，再从一个班级走到另一个班级。母亲的视频帮助儿子为开学第一天提前做好了准备。除了提升自闭症患者的学习能力——因为视频是可视的，视频还具有可重复的优点；儿童或成人可以重复观看视频，如果可能的话，他们还能自己控制视频进度，这可以减少他们的焦虑，有助于学习。

虽然上述例子都是关于残疾儿童和青少年的学习，但这绝不意味着他们应该被归类于特殊服务对象。努力了解他人的学习偏好，提升自己的技能，并采用多种方法开展服务，能够提升服务对象的沟通和学习能力。如果实务工作者没有时间通过学习风格问卷判断对象的学习偏好，也能从识别这些学习差异中受益，因为通过几个简单的问题就可以快速区分不同的学习风格。

视觉线索

“看得出来我在做什么吗？”

“看起来怎么样？”

“能看出这是怎么回事吗？”

“观察我在做什么有用处吗？”

视觉学习者通常身体比较挺拔，穿着整洁，一丝不苟。他们的思维快速而又敏锐，不过不太说话。视觉学习者通过图片进行计划和记忆，因此，有明显标志的说明对他们来说很有帮助。他们很难记住很长的口头说明，所以可能会要求你重复说明。

听觉线索

“听得出它是如何运作的吗？”

“听起来不错吧？”

“你能听从我的指示吗？”

“这听起来合情合理吗？”

与其他人相比，听觉学习者不太关注自己的外表和穿着打扮。他们喜欢通过讨论来激发自己的想法，所以会说很多话。然而，当听觉学习者说出自己的想法时，可能会出现犹豫或停顿。他们说话非常清晰流利，很有说服力。他们能清楚地记住你说的任何事情，但记住书面指示却比较困难。鼓励听觉学习者向你重复所学知识是种强化学习的好方法。

动觉线索

“你可以跟我来一下吗？”

“你觉得怎么样？”

“你怎么理解？”

“你能掌握吗？”

动觉学习者的穿着以舒适为主，一般都很保暖，很随意，让人觉得很可爱。他们喜欢乱动，更爱把身体蜷缩起来，而不是坐得笔直。动觉学习者通过对事物的感受和体验进行学习，因此不断尝试才是最好的学习方法，而不是接受书面或口头指示。

听取对方的反馈，要么通过语言的重复来确认偏好，要么转到不同的模式，都有助于更好地向服务对象展示你想让他们学习的技术。

案例研究

与 Kolb 提出的学习风格相比，视觉、听觉和动觉学习更容易受到不同文化的影响。

一位对文化差异颇感兴趣的老师进行了一项实验。在英国时，她在课堂上讲了一个故事，然后要求学生重复一遍。学生能够说出故事梗概，还能画出与故事有关的生动图片。

这位老师在肯尼亚待了一段时间，她对与那群英国学生一样年纪的肯尼亚学生说了相同的故事。虽然只说了一遍，而且相较于英国学生，故事的主题与肯尼亚学生的生活相去甚远，可他们却能逐字逐句地复述，不过不能画出生动的图片。

现在，欧洲文化非常注重视觉感受，电视、电脑和广告牌是日常生活的一部分。而肯尼亚文化还是十分重视口语传统，故事往往通过口口相传在几代人之间传递，书籍和图片在很多地方仍旧很罕见。

服务于残疾人，尤其是服务于那些有感觉或沟通障碍的人时，了解他们的学习偏好有特殊意义。其重要性不仅体现在技术上，其出发点则需要了解社会歧视等障碍的影响，以及专业人士与残疾人之间的权势关系。残疾人在许多机构都会受到不平等待遇，这些机构的政策措施都是结构层面上的，在语言、沟通以及专业人士与残疾人服务对象的互动中，残疾人也会受到不平等待遇。提高专业人员的沟通技巧，开发更多工具供服务对象使用虽然都很重要，但却远远不够。

残疾人，特别是那些有学习障碍的人，可能会难以理解针对普通受众的信息：

- 他们可能有不同的生活经历，没有经历过其他人视为理所当然的事情。
- 他们也可能有更多的负面经历，如被区别对待、被排挤或遭受骚扰。

- 他们学习新技能的机会可能较少，如学习驾驶汽车。

残疾人与来自黑人种族及少数族裔群体的照顾者可能会有不同的生活方式和思维方式，其中就包括获取、理解和使用信息的方式：

- 二者可能因种族或残疾遭受歧视，这可能会对他们获取信息和学习机会的途径产生影响。例如，其他人可以在图书馆、夜校、社区中心或其他地方获取信息，学习新“技能”，但残疾人和来自黑人及少数族裔群体的照顾者却会受到限制。
- 可能存在代际差异，包括他们接受的教育类型以及这对他们以不同方式学习的能力的影响。
- 在谈论敏感话题或学习新技能时，有些人可能更喜欢使用第一语言。
- 有些人可能无法用任何语言进行流利的读写。
- 不同文化喜欢以不同方式获取信息，有些文化会认为某些信息来源比其他渠道更为可靠。例如，来自南亚文化圈的人通常从认识的人那里获取信息，认为他们了解那些内容。他们不喜欢书面信息，因为他们不能确定作者是否面面俱到地解释了所有内容。

（Namaganda，2004）

虽然这种实践方法很不错，但它却并不仅限于转换信息。了解他人的文化、宗教、信仰、价值观和世界观，并理解这些因素对他们偏好的沟通方式的影响非常重要。例如，利用图片和照片有助于与有学习障碍的人进行沟通。然而，人们理解与使用信息和图片的方式因文化而异。与他人沟通时，我们应该使用对方熟悉的图像，如图片中的人，包括他们的着装风格、面部表情、肢体语言、正在做的事以及周围的环境。

对于有学习困难的人，利用分步图示向他们展示如何完成任务，如角色扮演、建立模型及录制视频，都有助于帮助他们学习新任务。对于有些人来说，采用多感官法最为有效。将学习和新获得的技能从一个环境转移到另一个环境有时会很困难，因此，我们应该尽可能在对方可以直接使用该技能的环境中帮助他们进行学习。重复学习和多次练习通常也很有效果。

对于如何有效地向有学习障碍的人传递信息，几家机构提出了相关指导方针和建议，包括以下几点一般性建议。

- 在传递信息之前先想好要说的内容，并将信息分解成小块，按逻辑顺序说出来。

- 句子要简短。每个句子中最好只有一个概念或主题。在进行下一步之前要确保对方已经理解了现有信息。
- 仔细考虑用词。语言要简单、清晰、凝练，使用在日常讨论中会用到的词语，而不是十分复杂的词语。避免使用行话、技术术语、首字母缩略词和缩写。尽可能使用主动动词，例如，要说“我会把它发送出去”，而不是“它将由我发送”。
- 语言要准确。“一些”“很多”“很快”和“大量”等词语对不同的人来说意义不尽相同。
- 语言前后保持一致，重复使用已经用过的单词，而不是对同一事物使用不同单词。例如，如果在一个句子中使用了“击打”这个词，那么在接下来的句子中就不要再用“肉刑”或“体罚”。重复单词和短语能够帮助有学习障碍的人记住信息。
- 尽可能使用肯定句，否定句比较难理解。例如，要说“你可以周一和周三来中心”，而不是“周二和周四不要来中心”。
- 尽量保证信息的趣味性，而且要与对方相关。利用对他们有意义的现实生活和相关实例。

案例研究

以下几句话来自正在学习的残疾人，这些话说明了当社工考虑该以什么方式与残疾人进行沟通，以便帮助残疾人理解学习内容时，他们的学习效果有何不同：

她确实很努力，让我能够理解那些报告和学习内容(para 7.2，p.40)。

她致力于我们能做的事情，而不是我们做不到的事情(para 7.2，p.39)。

参加家庭小组会议的社工很棒。她准备了要与我和家人分享的信息。她会把它们写在一张大纸上，不过字不是很多，所以我们都看得懂。她还问我想说什么，我们讨论了一会儿，然后她说，你先说(para 7.4，p.40)。

(Wiffin，2010)

案例研究

Diego分配到一名16个月大的女孩，出于担心女孩可能遭受情感忽视，中心将她从母亲Julie身边带走。在与Julie交谈时，Diego发现她很难理解为什么会有这样的担忧，并且在先前与专家的讨论中，她觉得很害怕。显而易见，Julie 接受新信息的能力有限，很容易就陷入困惑，特别是一下子接受许多口头信息时。

Diego 和 Julie 达成一致，决定再见一次面，讨论她的女儿为什么有可能遭到情感忽视。Diego 就两人如何讨论这一问题提出了一些建议。Julie 选择使用笔记本电脑，因为她在家里习惯了使用电脑。

在下次会面之前，Diego 在笔记本电脑里准备了一份演示文稿，里面包含从一本有关儿童成长的书中扫描出来的图片。他从孩子的身体需求开始介绍，然后转向他们的情感发展和情感需求。在这份文稿中，Diego 运用了图片和动画，还留下空白，以便添加信息。接下来的一周，Diego 带着这份演示文稿去了 Julie 家，以此作为两人讨论的基本框架。首先，Diego 核实了 Julie 对儿童身体需求的理解程度，例如，要求她识别儿童的各种身体需求，然后把它们组合在一起。随后，Diego 又开始核实她对情感需求的理解程度，他让 Julie 鉴别所有儿童的情感需求，然后要求 Julie 提供与女儿有关的特定信息，以便两人一起将这些需求结合起来。

利用这种方法，Diego 得以评估 Julie 的知识水平和对儿童需求的理解程度，以及 Julie 女儿缺失某些情感后可能存在的潜在影响。与此同时，Diego 也能借此以非对抗性和非评判性的方式提出一些较难、较敏感的话题，并让 Julie 完全参与其中。

文稿演示结束时，Diego 提出向 Julie 寄送一份两人共同完成的这份文稿的印刷版本，并通过电子邮件将副本发送给她。然后他们可以利用这份材料计划下一次的会面。

不同模型之间的相关性

学习风格与个人偏好的两个模型之间似乎没有任何直接关联。行为主义者或许更有可能是动觉学习者，反思者可能更倾向于是听觉学习者，而理论家则是视觉学习者，但目前没有任何相关研究探索这些问题。在英格兰和威尔士的培训活动中，大家讨论了这些不同的学习风格，大多数社会福利部门的工作人员都在自己身上，还有同工及服务对象身上发现了 Kolb、Honey 和 Mumford 学习风格，并能将其应用到自己的服务对象身上。人们也能意识到自己有学习偏好，但学习风格之间的平衡可能会随着时间的推移而改变。例如，如果某人越来越多地参与教育发展他人，如担任实践教育者，那么他的平衡点可能会逐渐向理论家转移。通过实践，社工对服务对象提供的线索越来越警觉，而且能够适当调整他们的沟通方式。

视觉、听觉和动觉理论可以作为确保沟通顺畅的一种理论，通过积极运用三种学习偏好，社工能够以不同方式重复需要传递的信息。

许多服务对象在家和学校都有不好的学习经历，所以会保护自己，杜绝此类事件再次发生。因此，社工应该尽量发挥服务对象的优势，尽可能采用多种方式来加强沟通，以防服务对象在以与自己本身截然不同的学习方式学习时，出现不耐烦的情绪。

在什么情境下我们会学得更轻松?

教育家 Edgar Dale(1969)提出了“戴尔学习圆锥”(Dale's Cone of Learning)，这是一个相当复杂的名称，但实际上是一个很简单的概念，可以在为学习者制订计划时提供帮助。

Dale 考察了一系列培训计划，想要确认其在人们记忆所学知识方面的效果。他认为学习经历越接近现实生活，参与者在学习活动中使用的感觉通道就越多，也更有可能记住所学内容。因此，在参加现场演示时，如果参与者使用了视觉、听觉、触觉和动作感觉，那么他们从中学到知识的可能性就很高。但是如果参与者只使用了听觉——演讲人只是跟他们说说话而已——那他们就不太可能记住学习内容。

有人给戴尔圆锥加入了百分比算法，但这一做法很有争议。

人们通常能记得：

- 阅读内容的 10%；
- 听到内容的 20%；
- 看到内容的 30%；
- 听到和看到的内容的 50%；
- 说出或写下的内容的 70%。

虽然这些百分比仍旧值得商榷，但学习原则仍然适用，学习原则强调开放性、创造性和灵活性，以便最大限度地帮助各种服务对象学习（表 4.2）。

表 4.2　练习：围绕学习的假设

本练习将帮助你开始识别自己对学习者的一般假设，并且可以对其进行调整，帮助你思考人们的学习方式。

在第一栏中写下你对学习者做出的 8 个假设。

在中间栏中写下可能的结果。

第三栏写下你会如何调整，以适应不同的学习者。

表格中的示例与小组合作有关，但你的假设还应包括与各个服务对象的合作。

假　设	可 能 结 果	如何调整以适应 不同学习者
如果每个人都要完成一张信息表，那么以小组合作的方式进行学习会更简单。	有阅读障碍的人会觉得这种方式很不公平，但却不会告诉我，尤其是在小组合作学习的时候。	如果可以的话，提前找出小组成员之间是否有读写能力或语言能力差异。在每个小组中挑出一名志愿者，为大家读出表上的问题，并将答案录下来。

结论

本章确定了几个人们如何学习的模型，并探讨了这些模型对实践的影响。社工需要积极深入地了解自己的学习偏好，以便了解学习偏好对他人可能产生的影响。在这之后，与服务对象进行互动的首要任务就是分析他们如何才能更好地理解社会照料的干预。社工应该仔细思考自己和服务对象的学习偏好，找出其中的类同与差异，还有可能存在错误理解或错误传达的地方，以形成有效参与的基础。

本章中有待与你的督导讨论的议题

1. 确定你的学习偏好及督导的偏好。

✓ 你们一起工作时出现的相似及不同之处表明了什么?

✓ 在与服务对象沟通互动时，这些偏好会带来哪些好处与坏处?

✓ 为了发展实务能力，你需要把精力集中在哪些领域?

✓ 你需要注意来自服务对象的哪些迹象和信号，表明自己没有充分利用他们的最佳学习能力?

拓展阅读

CHANGE www.changepeople.co.uk. Includes a downloadable guide: *How to Make Information Accessible: A Guide to Producing Easy Read Documents.*

The Children's Society (2008) *My life, My Decisions, My Choice: Involving Disabled Children and Young People in the Decision-making Process.* London: The Children's Society. Guidance notes for professionals. See also their Disability Toolkit for resources to support working with disabled children and young people. www.childrenssociety.org.uk

Department for Education and Skills/Department of Health (2007) *Good Practice Guidance on Working with Parents with a Learning Disability.* London: DES/DoH.

Honey, P. and Mumford, A. (1982) *The Honey and Mumford Learning Styles Questionnaire,* consisting of 80 questions, is reasonably accessible within Learning and Development departments, and can be explored on www.peterhoney.com and many other websites refer to the materials.

Honey, P. and Mumford, A. (2006) The Learning Styles Questionnaire: 80-item Version. Maidenhead: Peter Honey Publications.

Lee-Foster, A. (2008) *Capacity to Communicate Training Toolkit.* London: Sense. Although designed for supporting advocacy and communication with deaf blind people, this toolkit contains helpful information and good practice useful for communicating with people who have a range of impairments. www.sense.org.uk

Mencap www.mencap.org.uk. Includes a 'Make it Clear' guide to making easy read information and suggestions about different ways of communicating with people with profound and multiple learning difficulties.

Morris, J. (2002) *A Lot to Say: A Guide for Social Workers, Personal Advisors and Others Working with Disabled Children and Young People with Communication Impairments.* London: Scope.

Morrison, T. (1993) *Staff Supervision in Social Care.* Harlow: Longman.

Morrison, T. (2001) *Staff Supervision in Social Care.* Brighton: Pavillion. Explores how our learning styles impact on our behaviour, how we can be trapped by our preferences into unproductive behaviours, and how to manage this.

Morrison, T. (2007) 'Emotional intelligence, emotion and social work: Context, characteristics, complications and contribution.' *British Journal of Social Work 37*, 2, 245–63.

Morrison, T. (2010) 'The strategic leadership of complex practice.' *Leigh (2009) Longitudinal Study of Australian Children University of Sydney and Canberra's Australian National University. Canberra: Australian National University.*, 312–29.

National Children's Bureau (2008) *How to Involve Children and Young People with Communication Impairments in Decision-Making.* London: NCB. www.participationworks.org.uk

Plain English. For more information on plain English, including an A to Z of alternative words, see www.plainenglish.co.uk

第五章

探索个人偏好

引言

我们在许多方面都有所不同，但对多样性的探索往往集中在一些明显可见的方面，集中在一些主要特征上。这些主要特征上的差异往往会给社会工作者带来最严重的焦虑。然而，次要特征也可能对社工与服务对象的互动程度，以及社工的干预能否成功产生很大影响。了解自己的学习风格是有效互动的先决条件，不管对方是否与我们有所不同，学习风格是差异影响社会工作的方式之一。然而，还有其他一些差异将影响我们如何对世界做出反应。对这些特征有所了解将有利于我们加强沟通的有效性，促进多样性，特别是在和有着不同特征的人的相处过程中，这将对我们大有裨益。

接下来这一章的内容主要基于 Carl Jung 提出的心理类型(Psychological Types)(1921/1971)，后来，Isobel Myers 和 Katherine Briggs(1987，首次出版于 1962)对此进行了进一步发展。这些作者提出的概念适用于社会工作，因此，我们采纳了这些概念，并加以发展和探索。这些作者以一种非常特殊的方式来使用“偏好”(preference)一词。本章将详细阐述我们对 Jung 以及 Myers 和 Briggs(1987)所描述的几对偏好的理解。

理解偏好

准备练习

- 签下你的全名。
- 用另一只手再签一次。
- 第一次签名的清晰程度如何?
- 第二次签名的清晰程度又如何?
- 用平常惯用的这只手来签名是什么感觉?
- 用不常用的那只手来签名又是什么感觉?
- 在这个练习中，做违背自己自然倾向的事，你会有什么感觉呢?

第一次签名的时候，有些人喜欢用左手，有些人喜欢用右手。而用另一只手来签，写下的名字可能不够清晰，也有可能呈镜像书写。同样，第二次签名也可能十分清晰，但与第一次相比，往往需要花更长的时间。只有少数人左右手同样灵活，不论用哪只手都写得一样好(或者说一样差)。一般来说，左撇子双手同样灵巧的可能性更大，因为他们生活的世界里，大多数人都习惯使用右手，无论愿意与否，都可能不得不练习用右手来完成一些技能。事实上，过去儿童被迫用右手写字，如果用左手写字，就会受到惩罚。现在，我们已经认识到，左撇子只是一种偏好，仅此而已，无须纠正。

当问及做这个准备练习有何感觉时，大多数人都会说，用自己偏好的那只手来写感觉很自然，很容易，不用多加考虑。但是用另外那只手来写，则感觉十分笨拙，需要集中注意力，而且写起来也不如原来那般流利顺畅。关于后面要探讨的其他一些偏好，情况也是如此。人们按照自己偏好的方式做起事来十分顺畅，自然而然，无须思考，但要是所用方式并非符合自身偏好，则需好好思考才可做好。不过，人们所偏好的并非一定就是自己所擅长的。即使是用自己偏好的那只手来写，也有可能写得很差、很不清楚。相反，即使并非自己所偏好的，有些人也能做得很好，比如说，有些人就算不用自己偏好的手来写字，也可以写得工整漂亮。

我们每个人都有各自偏好的做事方式，并会频繁地采用这种方式来处理问题，于是，久而久之，这种方式便成了我们最熟练的方式，成了我们惯用方式的一部分。我们的惯用方式是一条经过反复排练的认知链，其中的思维联系和感觉联系很少受到关注。贯穿全章，作者正是从这个意义上来使用“偏好”一词的。根据Jung 以及 Myers 和 Briggs 的描述，偏好主要是关于我们头脑中所想之事和我们的行为方式。

几组偏好

Jung 以及 Myers 和 Briggs 都认为，就像左撇子和右撇子一样，我们的许多偏好都是与生俱来的。在不断长大过程中，我们大多会不断强化用手习惯和其他偏好。对于自己偏好的方式，我们用得越多就越熟练。

“偏好＋实践＝能力”(Taylor & Gast，2003)

不过，我们也要学会用另一只手来完成一些任务。我们虽然需要双手操作，但是往往偏好其中一只手，使其能够操作更高水平的技能。对于其他一些偏好，情况亦是如此。

我们所探索的几组偏好如表 5.1 所示：

表 5.1 偏　好

功　能	偏　好	
人们如何获得能量	外倾	内倾
人们如何体验世界	感知(基于证据)	直觉(基于想法)
人们如何做出选择	思维	感觉
人们如何检查前进方向	判断	感受

对此，本章稍后将进行详细探讨。使用人格类型的最终目的在于从总共四个维度来全面了解一个人，并理解这些功能在更大的心理过程系统中是如何联系在一起的，但这并不在本书的探讨范围之内(如若需要对这些功能进行更详细的探讨，详情参见拓展阅读和参考资料)。

一项探究

该模型基于将人格类型的两个方面并列，并着眼于其中一个方面的偏好所强调的差异及其含义。这些方面缩写为单个字母，表示如下：

E 和 I——代表外倾(Extravert)和内倾(Introvert)

S 和 N——代表感知(Sensing)和直觉(iNtuitron)

T 和 F——代表思维(Thinking)和感觉(Feeling)

P 和 J——代表感受(Perceiving)和判断(Judging)

在这几对不同偏好中，Jung 把每种偏好的反面称为阴影面(shadow side)。与偏好相比，人们对偏好阴影面的掌握不太熟练，使用时可能会造成更多压力，很可能会导致尴尬的甚至破坏性的行为。当某人不得不使用偏好的阴影面时，明确其偏好将有两大好处。首先，这将有助于工作人员做出适当反应，更好地应对这种行为；其次，这将帮助社工找到一种方法，避免迫使服务对象发生这些行为。

四组偏好

外倾和内倾(E/I)——我们如何获取能量

外倾和内倾的不同之处主要在于我们将注意力集中在何处，我们从何处获得能量以及我们如何重获活力。这些偏好将有助于我们探索人们是如何与世界互动，如何与其他人互动的。

外倾

外倾者从他们与人的相处中获得能量。他们喜欢人，喜欢聚会，喜欢人群。他们喜爱交际，善于表达，更多地向外关注他人，而非向内关注自己。外倾者从他人的陪伴中获得活力和能量，觉得他人的陪伴十分必要。如果失去与他人的互动，他们就会变得抑郁。外倾者的这种偏好意味着他们可能很快就能掌握社交技巧，熟悉自己所在特定群体的规范。因此，外倾者可能会受到同龄人的影响，通过自己与他人的互动来了解自己。他们会有很多朋友，但可能彼此交情不深，维持的时间不长，不过是和他们来自同一松散的帮派或团体而已。外倾者在群体中十分自在，习惯于群体生活，所以更容易了解所处群体的主流文化，并做出应对。

而且，外倾者总是与外界环境保持一致，总能意识到正在发生的事情，并对周围的人保持警觉。他们喜欢通过交谈来沟通，并通过交谈的过程来弄懂自己的想法。可以说，外倾者对自己的想法一无所知，直到自己说了之后才知道。在群体中，他们可能显得活跃、健谈，而且对他们来说，压抑自己不去评论正在发生的一切，可能非常困难。

成熟的外倾者喜欢独处，需要时间来独处，但与他人隔绝一段时间后，他们很可能会倍感孤独，失去动力。对有些外倾者来说，只要一天不和别人在一起，他们就会渴望有人陪伴。

在西方文化中，外倾者似乎占大多数，所以合群和社交就成了准则。

案例研究

60 年前，Sanjay 和妻子 Priti 20 岁出头，从印度来到英国。他们虽然从未生育子女，但交友广泛，一直以来忙碌不断，积极参与社区活动。夫妻二人到了80岁以后，交友圈便开始缩小，外出频率逐渐降低，健康状况开始恶化。他们搬离了原来的大房子，搬进了镇对面的一套公寓。但令人悲哀的是，就在搬家后的第六周，Priti突然生病，不久就去世了。

婚后生活中，购物和烧饭一直都由Priti负责，但Sanjay发现，现在他必须学会自己做这些事情。他还发现，搬家来到新的区域，一时很难适应，搬家前经常互通电话的朋友如今也失去了联系。Sanjay请求帮助，经过评估后，一名社工每周来帮助他几个小时。尽管Sanjay的状况发展良好，很快就不再那么依赖社工的帮助，但显而易见的是，并非一切都是如此。一周周过去，社工注意到Sanjay变得越来越安静，越来越压抑，于是开始担心他会直接“放弃”自己。

后来，来帮助Sanjay的社工安排他去当地的日托中心。日托中心离Sanjay家只有几步之遥，只要想去，任何时候都很方便，如果愿意的话，可以待一整天。在接下来的几个星期里，Sanjay经常到日托中心去，加入了一些总部设在中心的俱乐部，甚至开始在中心的咖啡馆里做志愿者。后来有一次，社工前去拜访Sanjay，惊讶地发现了他的变化：现在的他不仅健谈，善于交际，而且还在为未来做计划，似乎真的重新开始享受生活了。这就好像他终于醒了过来一样。社工意识到，Sanjay之所以有这些变化，主要是因为这一切使他能够满足自己外倾的偏好。

内倾

内倾者从独处中获得能量，从内心世界汲取能量。对他们来说，单独活动必不可少，可以从反思中学习。他们喜欢他人，但想要控制与他人相处的时间。他们在人群中会变得不堪重负，往往不愿去参加大型集会。

内倾者喜欢花时间独处，补充内心的能量。他们更多地向内关注自己，而非向外关注他人。对他们来说，独处可以让人感到无比满足，可以让他们重新找回自己，为重返战斗重新充电。内倾者往往喜欢他人，虽然他们的朋友往往比外倾者少，但关系却更亲密，交往时间也更长久。

内倾者可能会觉得外倾者“整体来说”十分吵闹、苛求，令人疲于应付。在集体工作环境中，内倾者往往说得不多，一到休息时就退到角落里，只和一两个人进行更多的交流。

Keirsey和Bates(1978)发现，大约25%的人是内倾者，所以作为少数群体，内倾者可能会觉得害羞是一个要克服的问题，而不是一件值得享受和庆祝的事情。不可避免的是，大多数人都要面对分组学习，有些人为了应对这种情况，迫使自己提高社交能力。但他们仍是内倾者，虽然人明明是在课堂上，却隐藏在人群中或者自己的脑袋里。有些内倾者的工作或学校环境要求他们表现出外倾的行为，隐瞒自己的偏好，因而变得封闭内向。

在社会工作中需要互动时，他们可能在一对一的工作中表现得最好。

案例研究

为了帮助 Marta 照养三个孩子，她被安排在当地家庭中心参加一个“育儿计划”。但 Marta 对此并不热心。她向来安静，过于害羞，对她来说，去一个新地方是件挺困难的事。不过，她担心如果拒绝的话会产生不好影响，所以还是同意了参加该项“育儿计划”。

Marta 原以为来此参加这个计划，无非就是来见一名帮助自己的社工，但来的第一天她就沮丧地发现事实并非如此，她和另外九名父母以及两名工作人员一起待了一上午。小组中的其他一些人非常自信，这让 Marta 忐忑不已。她发现，随着会议继续进行，她自己越来越退缩，参与得越来越少。待休息时间一到，她就疾步走了出去，找了个地方自己待着。

上午结束后，其他几对父母都认为 Marta 不够友好，过于“冷淡”。他们认为，大家来到这里都要克服一些不良感觉，不能理解为什么单单就她不能做到。工作人员向帮助 Marta 的社工报告说，Marta 根本就没有真正参与其中，似乎对该计划所能提供的帮助毫无兴趣。

思考点

- 你如何理解 Marta 的行为？
- 如果 Marta 离开了这个团体，对她将有何影响？
- 如果 Marta 留在了这个团体，对她将有何影响？
- 如果有人在一个团队中如此不舒服，你对他们退出团体有何看法？
- 如果 Marta 离开了，你如何确保她能够得到团体工作的可知利益？
- 如果你所认为的利益与某人的偏好完全背道而驰，那你将如何与此人共事？

对于内倾者，你看到的并不是他们全部的性格。除非是在一个非常安全的环境中（比如和值得信赖的朋友一起），否则他们绝不会表露出内心最深处的想法和品质。尽管由于所受教育的性质，许多内倾者可能早已学会了如何与群体打交道，但他们往往喜欢自学，喜欢一对一教学。

要比较这些偏好，详情参见表 5.2。

表 5.2　内倾/外倾两种偏好的比较

适应良好 ——擅长该偏好时	适应不良 ——不擅长该偏好时	应对：
外倾		
富有魅力的	自我夸耀的	群体
富有热情的	造成干扰的	同辈压力
喜欢社交的	喧嚣吵闹的	兴奋
内倾		
深沉的	冷淡的	一对一
谨慎小心的	羞怯的	好友
宁静的	沉默寡言的	思考

在阴影中

Jung 将我们不太偏好的行为称为“阴影”（shadow）。就这种偏好而言，处于阴影中的外倾者可能会变得孤僻甚至隐居；对于一些外倾者来说，这甚至可能会对他们的精神健康产生影响。对于内倾者来说，花大量时间与人交往，这种情感上付出的努力可能会让他们疲惫不堪，精疲力竭。在极端情况下，这可能表现为狂躁行为。年轻人以及那些适应性差的人或者我们中的任何一个人力所不及时，都能够发现，在某些情况下，我们表现得十分笨拙。

案例研究

Jason 是个年轻的罪犯。他是一个内倾者，但一直努力成为一个外倾者，给人一种自吹自擂、咄咄逼人的印象，而且行为傲慢。Jason 加入了当地一个帮派，但始终难以融入其中。在群体中哪些行为是可以接受的，这都是不成文的规则，但他对此一无所知。尽管Jason试图融入其中，却成了当中的小丑。有次，帮派中的其他人抓住他的把柄不放，迫使他做出了犯罪行为。

使他感到更加困难的是，社工帮助他的时候，带他加入了一个群体，在那里他又一次表现得令人难以接受。

……………………………………

思考点1

- 社工应该用什么标准来进行适当的干预？
- 我们可以对Jason展开哪些工作以此来探究其行为的缘由？
- 如果社工的偏好与Jason的偏好相一致或者相反，那将会有何不同？
- 可以做些什么来帮助Jason自信地管理自己的偏好？

思考点2

- 你认为你处于内倾—外倾连续体的什么位置（表5.3）？
- 沿着该连续体给自己打分。

表5.3 内倾—外倾连续体

沉思的	0—1—2—3—4—5—6—7—8—9—10	活跃的
内向的	0—1—2—3—4—5—6—7—8—9—10	外向的
拘谨的	0—1—2—3—4—5—6—7—8—9—10	好社交的
安静的	0—1—2—3—4—5—6—7—8—9—10	善于表达的
捉摸不透的	0—1—2—3—4—5—6—7—8—9—10	明显的

- 在如何与人交往这方面，你从这个案例中学到了什么？
- 当你和持有相反偏好的人一起工作时，你是如何管理自己的？
- 这对你的实践有何影响？

……………………………………

探究服务对象的偏好属于外倾还是内倾（E/I）的建议

鼓励服务对象谈论他们的生活方式，看看他们是从团体中获得能量还是从独处中获得能量。以他们给出的一些答案为基础，将下面的这些问题融入讨论当中。

- 你一般参加什么活动？
- 你喜欢和其他人一起参加这些活动吗？
- 你喜欢和一群人一起外出吗？
- 活动结束后你会和其他人聚在一起吗？
- 当你身处一个帮派之中，你感觉如何？
- 当你独处时，你感觉如何？
- 你喜欢和朋友一起制订计划吗？
- 你在人群中开心吗？
  - 你喜欢去看足球比赛吗？
  - 你喜欢去听摇滚音乐会吗？
- 你什么时候感觉最快乐？是独自一人还是和其他人一起的时候？
- 和别人在一起时，你会有什么反应？
- 你之后会感觉疲惫吗？
- 你能一直聚会到很晚吗？
- 你觉得自己害羞吗？
- 你很容易结识陌生人吗？
- 在和一群人见面时，当中会有许多你的朋友吗？
- 你更喜欢有一两个亲密的朋友吗？
- 你独处的时候快乐吗？

通过这些问题的答案，你应该可以清楚服务对象是外倾者还是内倾者，能够了解与他们接触的最佳方式。问完封闭式问题，了解服务对象的偏好之后，继续询问开放式问题，从而更充分地探究其偏好。

外倾者需要：

- 很多外向的动作和变化；
- 与他人讨论新任务的机会；
- 周围的人以及互动的机会。

内倾者需要：

- 静思冥想的时间；
- 独自工作的机会；
- 更长时间才能向你敞开心扉，信任你；

• 一对一交流。

感知和直觉(S/N)——我们如何体验世界、了解世界

当注意到行为表现上的差异时，我们能比较容易地分辨外倾者和内倾者；然而，对于漫不经心的观察者来说，感知型和直觉型之间的区别并不总是那么明显。尽管如此，这些差异对人们的学习方式和交流方式都有深远的影响。我们的教育大部分是建立在感知的基础上，而诸如白日梦之类的直觉性行为却不受鼓励。

感知

感知型的人更多的是从具体的事实来思考所处的世界，而不是从概念和抽象的想法来思考。他们通过五种感官所获得的信息来了解这个世界，了解外面此时此地正在发生的一切和可检测到的一切。

人们不能既准确地认识外部世界，又同时想象未来的可能性。你必须先准确地认识外部世界，然后才能想象未来的可能性。感知型的人更偏好前者，所以往往先认识世界。因此，感知型的人善于注意细节，处理细节往往十分准确，不会遗漏太多。他们找出事实，并以一种有意义和有用的方式对其进行排序。感知型的人依赖于绝对的序列信息，喜欢获取信息、使用信息。通过复杂的细节，他们可以了解得更通透。

由于感知型的人更偏好这种认识世界的方式，所以练就了专业的感知技能，能够很好地立足于现实。感知型的人十分务实，适应力强，具有创造性，偏好开发新模型，改进现有模型。对他们来讲，一个模型能否良好地运行，在日常生活中是否具有实用价值，这是一大考验。

感知型的人要求一切一清二楚，要求了解具体事实，如果不够清楚明确，他们可能就会感到困惑。对于抽象的东西，他们甘愿一切全凭直觉。要清楚在实践中需要做的事，这是他们的动力；为了使模型有效运行，他们并不非要知道其工作原理。

案例研究

她帮我找到了一处收容所，解决了我的福利问题，并给了我一笔制服补助金。这确确实实帮了我大忙，从实处支持了我。然后，我们才可以坐

下来思考这一切对我和孩子们的意义。如果不是她先做了实事来帮助我，我肯定做不到这一切。（Wiffin，2010：43）

思考点

- 为什么这个案例分析要放在这里？
- 这个案例说明了什么道理？
- 你将如何继续与这位母亲共事？

直觉

直觉型的人关注自己头脑中的想法和概念。他们想象力丰富，能够想到未来的各种可能性，可能会让人们觉得富于空想。直觉型的人更多地通过抽象的想法和事物之间的关系来了解所处的世界，而不是通过具体的事实来了解。

由于这种被内心世界所吸收的倾向，直觉型的人往往会错过当前外部世界周围的细节，只需要足够的细节来满足他们的想象即可；然后他们就会停止寻找其他细节。他们倾向于从现实世界中汲取精华，用一种抽象的世界观来工作，而不是用来自五种感官的事实。他们喜欢隐喻，并创造隐喻，容易陷入幻想。直觉型的人对想法和未来可能性的反应十分强烈。他们依靠感知型的人来处理现实世界的细节。

直觉型的人富有想象力和创造力，能看出事情之间可能存在的不同点。他们必须先了解事物结合的基本原理，但会对许多细节感到厌倦。他们是设计师，也是战略规划者。成功有赖于充分的现实基础，但他们不会被现有知识和传统观点所束缚。

要比较这两种偏好，详情参见表5.4。

表5.4　感知和直觉两种偏好的比较

适应良好 ——擅长该偏好时	适应不良 ——不擅长该偏好时	应对：
感知型		
实用的	迟钝的	详细事实

(续表)

适应良好 ——擅长该偏好时	适应不良 ——不擅长该偏好时	应对：
精确的	过分讲究细节的	连续步骤
详细的	过度的	实践
直觉型		
富于想象力的	古怪的	变化
新颖的	奇怪的	想法
富于洞察力的	不切实际的	未来可能性

在阴影中

如果感知型的人的偏好没有得到很好地发展，那么他们会变得无精打采，痴迷于所知道的一切，在阴影中，他们会对自己的幻想感到恐惧。对于直觉型的人来说，在阴影中，一些细节就可以让他们精神紧张，总觉得这些细节难以抗拒。

思考点

- 你认为你处于直觉—感知连续体的什么位置(表 5.5)？
- 根据你的偏好沿着该连续体给自己打分。

表 5.5　直觉—感知连续体

新思路	0—1—2—3—4—5—6—7—8—9—10	事实
虚构的概念	0—1—2—3—4—5—6—7—8—9—10	非常务实
预感	0—1—2—3—4—5—6—7—8—9—10	积极享受
未来	0—1—2—3—4—5—6—7—8—9—10	当下
直觉	0—1—2—3—4—5—6—7—8—9—10	指示

- 在理解世界方面，这个连续体对你有何启示？
- 当你和持有相反偏好的人一起工作时，你是如何管理自己的？
- 这对你的实践有何影响？

探究服务对象的偏好属于感知还是直觉的建议

鼓励服务对象谈论他们对世界的了解，看他们是否喜欢事实和信息，是否依靠他们此时此地所能看到和接触到的东西做出判断(感知)。

或者，他们是否更偏好思想和想象，喜欢思考未来的事情，而对细节不够关注(直觉)?

注意语言；听听具体词或抽象词在数量上的优势。

将下面的一些问题纳入你的讨论中。

- 你对发动机工作的细节感兴趣吗?
- 你会把东西撕成碎片，看看它们是怎么拼在一起的吗?
- 如果我给你详细的说明，你能很快理解吗?
- 你经常做白日梦吗?
- 你喜欢看科幻小说吗?
- 你是否会经常想象你的生活与众不同?
- 你想知道周围发生了什么吗?
- 你会思考未来怎么样吗?
  - 这样思考的频率是多少?
  - 这是否让你感到愉快?

通过以上这些问题的答案，你可以了解服务对象是感知型的人还是直觉型的人，了解与他们交流的最佳语言及其使用方式。先提出封闭式问题，了解服务对象的偏好，然后用开放式问题进行补充，更加充分地探究其偏好。

思维和感觉(T/F)——我们如何赋予身边的事物和人以价值，从而决定采取何种行动

Jung描述了我们思考或感受某物时是如何将想法或感受投射到该物体之上的。石头的颜色或硬度是该石头本身的属性，而我们对石头颜色或硬度的想法或感受则来自我们自身，代表了我们赋予它的价值。其他人可能会有不同的想法，因此会赋予它不同的价值。我们决定对这块石头做什么，取决于我们对它的想法和感受。

这是认知行为过程的本质。我们可以改变想法和感觉，从而改变行

为，但是对于不同的人来说，思考和感觉之间的侧重点会有所不同：

- 思维型的人主要依靠思维来行动；
- 感觉型的人主要依靠感觉来行动。

Keirsey 和 Bates(1978)发现，这两种偏好大约各占人口总数的一半；然而，Myers 和 Briggs(1987)发现，更多的女性属于感觉型，更多的男性属于思维型。

思维

思维型的人依赖论据和逻辑思维来得出观点或决定如何行动。对他们来说，感觉不如论据重要。他们总是做明智的事。就学习周期而言，他们擅长分析。如果思维型的人心中认为这个分析有道理，那么该分析结果将决定他们如何来选择行动。

思维型的人使用更多的思维性的语言，例如，“总的来说……”，“我认为……”，“我的论点是……”。他们所使用的句子像是在辩论或者推理一样，例如，“如果……”，“因此……”，“因为……”。

思维型的人依赖于自己的逻辑，但这并不就意味着他们的感觉一定发展得很差。许多思维型的人在做决定的过程中，也会将其自身感受考虑在内。其他思维型的人对感觉的意识可能并不深刻，只根据事实的权衡来采取行动。思维型的人可能很难处理好与他人的情感关系，总是试图避免情感的表露。他们往往倾向于说出自己的想法，如果其他人为此不快的话，他们会觉得十分惊讶。他们可以不顾他人的感受而行动。

在认知行为方法中，特别是对思维型的人来说，思维的改变会导致行为的改变。要建立融洽的关系需要将语言风格和认知过程相匹配。询问一个思维型的人对他自己的行为有何感受，这就像要求一个左撇子用右手写下其想法一样困难。对于思维型的人来说，行动取决于思维，所以工作的重点必须是帮助他们认识到解决问题时换另一种做法或者建立另一种推理模式的意义。

感觉

许多感觉型的人对他人的情感十分敏感，追求和谐，不喜冲突。他们决定行为方式和自己应该做什么的时候，首要考虑的就是能否实现和谐融洽的关系。感觉型的人渴望喜欢他人，渴望被人喜欢，他们给人们留下的印象触摸到了这种渴望的核心。对于那些通过感觉与世界联系在一起的人来说，要是说感觉不重要或者无用处，这就像是给了他们一记耳光。

感觉型的人使用感觉性语言（情感语言和动觉语言），对感觉性语言做出回应："我觉得很好"，"对我产生了影响"，"太危险了"，"我不高兴……"，"我喜欢……"，"我想要散步"，"这不公平"。他们的语言中经常夹杂着动觉的明喻和隐喻。

一些不成熟的感觉型的人对其他人的感觉不太敏感，或者是由于对自己的感觉过于敏锐，从而对他人的感觉变得迟钝。他们还没有培养好对他人的同情心，只能根据当时的情绪或者感觉来采取行动。

在认知行为方法中，特别是对于感觉型的人来说，感觉的改变会导致行为的改变。要建立融洽的关系需要将语言风格和认知过程匹配起来。询问一个感觉型的人对自己的行为有何感受，这就像要求一个左撇子用右手写下其感觉一样困难。对于感觉型的人来说，行动取决于感觉，所以工作的重点必须是帮助他们发展同理心，并在解决问题时运用适当的思维。

表 5.6 展示了两种偏好的比较。

表 5.6　思维和感觉两种偏好的比较

适应良好 ——擅长该偏好时	适应不良 ——不擅长该偏好时	应对：
思维型		
理智的	好争辩的	合理
客观的	褊狭的	分析
简洁的	冷淡的	原则
感觉型		
欣赏的	回避的	和谐
考虑周到的	模糊的	价值观念
得体的	过度敏感的	关心

案例研究

你知道，她是在乎的。我不仅仅是个案例，也是一个人。这和她有关。我不知道。我们经历过起起落落，她可能会生气，但我知道她很在

乎，我一直在想这点。（Wiffin，2010：41）

思考点

- 为什么这个案例分析要放在这里？
- 这个案例说明了什么道理？
- 你将如何继续与这位服务对象共事？

在阴影中

一些思维型的人可能没有充分考虑到自身行为对其他人的影响。当他们的感觉似乎要失控时，他们无力反抗，深感沮丧，无法行动。一些感觉型的人可能由当前对和谐的需求驱动，而未考虑从长远来看什么才是明智之举。他们可能会被一些争论弄糊涂，不知道该做什么，该怎么办。

案例研究

过去两年里，Malone 夫人目睹丈夫患上严重的阿尔茨海默病，病情迅速恶化，先是接受家庭护理，后来又住进了医院。去世之前，他已经认不出任何一个人了，也无法说出连贯的句子，而且表现得非常苛刻。但在整个过程中，Malone 夫人始终保持着非常理性的态度，控制着自己的情绪，并试图把丈夫也当作理性的人。

丈夫死后，她请求了帮助，因为她再也不能像自己希望的一样把事情记得清清楚楚了，而且身体也变得十分虚弱。她不停地说自己很好，还能应付自如，但对其他人来说，事实显然并非如此。

有一次，社工前去拜访她，见她现在连自己做饭、打理家务都成问题了，便非常温和地敦促她去考虑一下做什么才是对她的未来最有利的。这时，她突然开始尖叫起来，跌到地板上，滚来滚去，拳头砰砰作响，就像一个两岁大的孩子发脾气一样。

作为一个思维型的人，Malone 夫人压抑自己的感觉已经很久了，当这一切真的发泄出来时，她控制不了这些感觉，反而受这些感觉控制。（作者收到的个人陈述）

思考点

- 你认为你自己处于思维—感觉连续体的什么位置(表 5.7)?
- 根据你做出决定时的偏好,沿着该连续体给自己打分。

表 5.7　思维—感觉连续体		
理性的	0—1—2—3—4—5—6—7—8—9—10	感性的
批判的	0—1—2—3—4—5—6—7—8—9—10	欣赏的
分析的	0—1—2—3—4—5—6—7—8—9—10	感同身受的
精确的	0—1—2—3—4—5—6—7—8—9—10	有说服力的
可能使用客观标准	0—1—2—3—4—5—6—7—8—9—10	可能使用主观标准

- 在如何做出选择这一方面,这对你有何启示?
- 当你和持有相反偏好的人一起工作时,你如何管理自己?
- 这对你的实践有何影响?

探究服务对象的偏好属于思维还是感觉的建议

鼓励服务对象谈论他们如何考虑信息,如何做出选择。

注意语言,听听思维性词或感觉性词在数量上的优势。

以他们针对这些图片给出的一些答案为基础,将下面这些问题融入你的讨论中。先提出封闭式问题来了解服务对象的偏好,然后用开放式问题进行补充,更加充分地探究偏好。

- 你会试图把事情想得一清二楚吗?
- 你发现自己一下从这个角度考虑事情,一下又从另外一个角度考虑事情吗?
- 你很多时候都注意到自己的感觉了吗?
- 你做任何事情都要有理由吗?
- 你做某事是因为你认为它是对的还是因为感觉它是对的?
- 认真思考问题更重要还是根据感觉做出反应更重要?
- 当你这样做的时候,你为什么要和我们的组织保持约定?
- 你将如何决定:
    - 赢了彩票后,你会如何花这笔钱?

○ 你可能会喜欢哪种车？

思维型的人需要你：

- 用逻辑论据鼓励他们；
- 回应他们的想法；
- 公正、坚定和坚韧不拔；
- 鼓励他们分析问题；
- 带他们往最合理的结果靠近。

感觉型的人需要你：

- 回应他们的价值观和想法；
- 鼓励他们看到其选择对自己和他人的影响；
- 同情他们并给予表扬；
- 对行动背后的人感兴趣。

判断/感受(J/P)——我们如何决定我们在世界上的前进方向

判断和感受这一对偏好与我们如何决定我们在世界上的前进方向有关。Jung 以及 Myers 和 Briggs 都对判断和感受进行了讨论。然而，“判断”(judging)一词在与社会公正和照料系统相联系的组织中可能是令人迷惑的，所以我们认为“就是这样”(just so)是一个对于这种偏好的更好的描述。①

判断

判断型的人根据目标和时间来评价自己和世界。他们喜欢一切都有条有理，秩序井然。如果不能准时或者事物发展脱离轨道的话，他们就很容易焦虑不安。对于他们来说，没什么比敲定或完成一个项目更让人高兴的。为了维持目标，他们甚至可以忽略目前的困境。对他们来说，迟到是最大的耻辱。如果事情不按计划或目标进行，他们便会非常焦虑。对他们而言，清醒的头脑和整洁的世界都让人满足。他们依靠准备、计划、时间表、目标和组织来实现目标。

① “judging”一词在英文中还有“审判”的意思，为避免引起歧义，作者采用“just do”一词代替。中文译本不存在这种情况，因而保留“判断”一词。——译者注

判断型的人具有高度的组织性，做事十分高效，但他们几乎不用了解他人发展需求或不断变化的形势就可以实现自己的目标。评估是在事件发生之后进行的。他们可能会被表面上的松懈所激怒，并“认为这是感受型”的人的特点。

感受

感受型的人根据当前情况进行评估，并对人们的当前情况和即时需求做出反应。他们注意到周围正在发生的一切，喜欢让一切保持开放多变，而非尘埃落定，皆成定局。他们经常不守时，生活方式看似没有条理。

感受型的人喜欢保留各种选择，感知目前的情况，了解下一步需要采取的行动。他们会随时随地仔细分析各种选择。感受型的人凭直觉或感觉了解周围发生的事情，并依靠这些新了解的情况从众多选择中做出他们认为的最佳选择。

正因为如此，感受型的人能够对其他人的需求和发展现状做出反应。他们喜欢周围不断变化的环境，认为从中找到自己的路十分有趣。他们是在危急时刻挺身而出的优秀人才。对他们来说，截止日期、有序性和规划都不重要。

在一个越来越有组织性、越来越受时间驱动的世界里，感受型的人看起来可能并没有什么组织性。然而，熟练的感受型人才会根据实际情况及时提出所需建议。他们很容易被日程安排和高度结构化的组织所激怒，反而对混乱无序的状态有着很高的容忍度，总是有着一颗“玩心”。

要比较这组偏好，详情参见表 5.8。

表 5.8　判断和感受这两种偏好的比较

适应良好 ——擅长该偏好时	适应不良 ——不擅长该偏好时	应对：
判断型		
高效的	强迫的	组织
计划周详的	截止日期	截止日期
负责的	严格的	控制
感受型		
适应性强的	拖延的	好奇心
随和的	不可靠的	自发性
灵活的	涣散的	开放性

在阴影中

面对不可挽回的混乱局面，判断型的人可能会不知所措。在组织僵化、程序严格的情况下，感受型的人可能会一筹莫展。

案例研究

Suzanne 的社工 Rosa 决定要带她去参加一个保障性住房计划。两人约定好第二天早上在 Suzanne 家见面。Rosa 是个判断型的人，她意识到 Suzanne(感受型的人)总是迟到，所以故意把说好的见面时间提前了 10 分钟，以确保 Suzanne 可以准时到达约定地点。而 Suzanne 知道 Rosa 非常重视守时，所以特地做出额外努力，一反常态，按时赴约(她通常会迟到 10 分钟)。这让 Rosa 非常惊讶，因为她没有料到 Suzanne 会准时到达。对此，她们都忍不住笑了，但这让二人对彼此的计时方式有了更深入的了解。(作者收到的陈述)

她(社工)经常迟到，她觉得这会让我有何感觉？一文不值？毫不重要？是的。如果我迟到了，那就不一样了。他们当时并不明白。(Wiffin，2010：34)

思考点

- 你认为你处于判断—感受连续体的什么位置(表 5.9)？
- 根据你组织自己的方式沿着该连续体给自己打分。

表 5.9　判断—感受连续体

有组织的	0—1—2—3—4—5—6—7—8—9—10	灵活的
有条理的	0—1—2—3—4—5—6—7—8—9—10	迅速积极反应的
由截止日期驱使	0—1—2—3—4—5—6—7—8—9—10	由发现驱使
深思熟虑的	0—1—2—3—4—5—6—7—8—9—10	自发无意识的
应对可预测性	0—1—2—3—4—5—6—7—8—9—10	应对危机

- 关于如何在世界上取得进步或决定你的前进方向，这两种偏好对你有何启示？
- 当你和持有相反偏好的人一起工作时，你如何管理自己？

- 这对你的实践有何影响？

探究服务对象的偏好属于判断还是感受的建议

鼓励服务对象谈论他们是如何安排时间和应对截止日期的。

将下面这些问题融入你们的讨论中。先提出封闭式问题来了解服务对象的偏好，然后用开放式问题进行补充，更加充分地探究偏好。

- 你经常能够准时到达目的地吗？
- 你会提前计划好每天要做什么吗？
- 你会提前做好一天的计划还是顺其自然？
- 购物时，你会拿着一份清单吗？
- 你能应付许多零零碎碎的事情吗？
- 你想从一开始就知道故事结尾如何吗？
- 事情发生时随波逐流，你开心吗？
- 你喜欢让事情按照计划进行吗？
- 你会觉得自己更加随性而非更有组织性吗？

判断型的人需要：

- 制定计划和跟进计划的机会；
- 工作时间表；
- 完成工作的机会；
- 一直不间断工作的机会。

感受型的人需要：

- 让他们找到自己的节奏；
- 鼓励他们利用对现在发生的事情的认识；
- 灵活的方法；
- 采取行动的推动力；
- 给他们施加压力来敦促他们组织和完成一项任务。

结论

以上内容只是对个人偏好复杂性的简要介绍。在遇到有着不同偏好的人时，我们很可能会认为他们令人恼火——他们关注不同的事情，使用不同的语言，有着不同的行为。查看这些偏好可能有助于我们了解：

- 当某人需要周围其他人的刺激，或者可能需要安静和独处的时候；
- 他们是否需要深入了解许多实际细节，或者只看到大局；
- 他们是否能够处理感情，或者从逻辑上思考什么是最好的；
- 他们很容易被危机和其他事情分散注意力，而不能适应一种程式化的、根深蒂固的生活。

反思

你能确定自己的偏好吗？有些偏好可能非常明显，而其他一些偏好可能没那么明显。有时候，发现自己周围人的偏好更加容易。你能让其他人看看他们是否能识别你的偏好吗？

研究表明，随着年龄的增长，人们尽管仍然有明显的偏好，但通常会努力提高自己不太偏好的方面的技能。因此，没有经验的年轻人往往在他们偏好的方面和相关技能上表现出更多的极端情况，显而易见，这点对人们如何和年轻人一起工作有所启示。Jung 还认为，随着年龄的增长，人们会寻求探索他们不太偏好的方面。很清楚的一点是，人们要是以自己不太偏好的方式行事，其行为往往不太流畅，不够熟练，这点对人们如何和老年人一起工作有所启示。

家庭成员说，有时会出现“个性冲突”，或者“她(社会工作者)不喜欢我”这种情况。

我们所说的人格冲突在多大程度上真的是由于不理解别人日常生活中的各种偏好造成的？

拓展阅读

Gast, L. Linda Gast training@lindagast.co.uk has a version of the questionnaire (called the Gast Taylor Inventory [GTi]) which is available as part of training courses and team development workshops.

Keirsey, D. and Bates, M. (1978) *Please Understand Me: Character and Temperament Types.* California: Prometheus Nemesis. This book has a version of a questionnaire that would allow you to get a more detailed understanding of your own preferences.

Myers, I. and Briggs, K. There are many qualified Myers–Briggs practitioners who can administer the questionnaire, including the opportunity to do the American version on-line www.MyersBriggsReports.com. There is usually a charge involved.

Myers, I. and McCaulley, M.H. (1985) *Manual: A Guide to the Development and Use of the Myers Briggs Type Indicator.* Palo Alto, CA: Consulting Psychologists Press. www.MyersBriggsReports.com.

第六章

多样性意识模型

我们倾向于认为，如果某人有某种“不同”，无论是什么，他们都会知道这种不同，并会理解、欣赏这一不同的意义。对于许多人而言情况确实如此，但是对于另一些人来说，没有充分的理由可以说服他们应该对其“不同”有任何了解。因为就他们自身而言那是一种常态，没有必要去了解。这个模型着眼于人们在了解自己的多样性时可能经历的一些阶段。当去认识多样性问题以及这种认识可能产生的影响时，它还有助于揭开个人和组织可能发生的事情。

本章介绍的模型有几个不同的来源：Carter(1990)开发了六个阶段的白人种族意识，Atkinson、Morten 和 Sue(1989)确定了“黑人种族身份的五种状态”。这两种方法使用不同的语言，但它们彼此非常接近，有助于更广泛地理解人们如何理解多样性。这个模型也可以放在过渡曲线(图 6.1)旁边，过渡曲线本身是从丧亲之痛曲线(Fübler-Ross 1969)发展而来，它用来描述认识发展的阶段以及当一个人经历一个过渡时，每个阶段伴随着的感情。

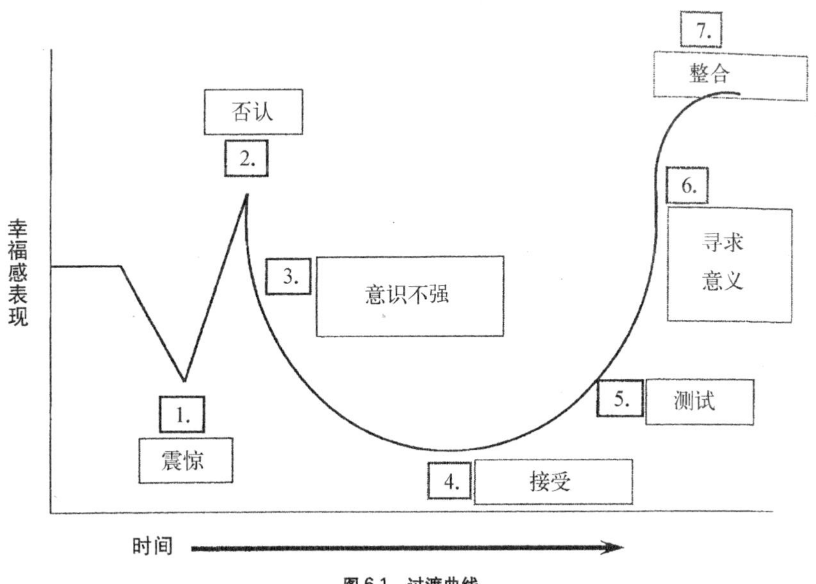

图 6.1 过渡曲线

但首先，区分转变(transitions)和改变(change)是很重要的。Bridges(1991)以下列方式描述了两者之间的差异：

这不是改变，而是转变。改变不同于转变。改变是情境化的：新网站、新老板、新团队角色、新政策。转变是人们为了适应新形势而经历的心理过程。改变是外在的，转变是内在的。

如果把这个概念和发展多样性意识结合起来（通过过渡），将会更容易理解并意识到个体情绪反应的差异过程。它是模型中处于不同阶段的人之间的联结，它可以导致忧虑和烦恼。

多样性意识模型可被描述为一个五阶段过程（图 6.2）。

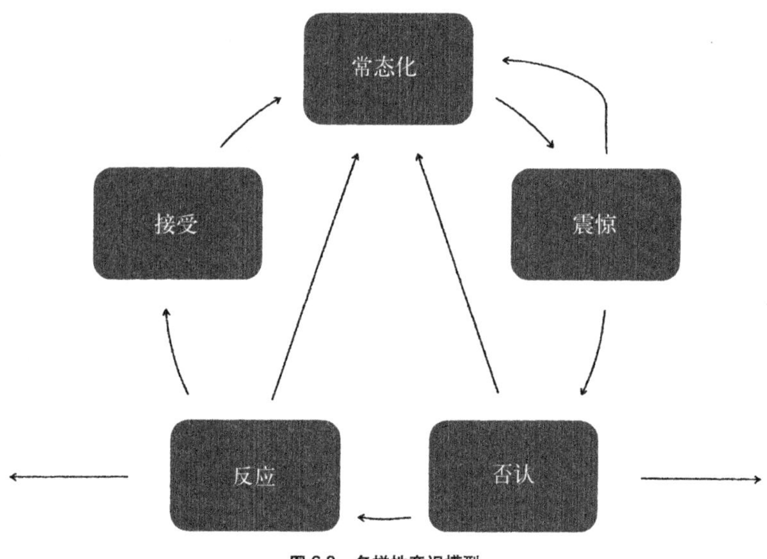

图 6.2 多样性意识模型

尽管这一过程呈现为一个循环，但人们可以在任何时候回到“常态化”，选择退出或前进，选择留在任何他们感觉良好的特定阶段。对某些人来说，围绕着循环的方式让他们觉得过于苛刻或不舒服。

阶段 1——“常态化”

首先，大多数人都假设我们是谁和我们如何运作是相对正常的，如果我们以特别的方式思考和行动，那么其他人也将采取相似的思考和行动，这是我们的“世界观”。如果我们在男女有别的文化下长大，就会形成性别的区别对待，而且认为这不存在任何问题。存在区别对待的事实甚至没有被当作特殊的现象而被注意到，而仅被当作生活本来的样子。正如没有理由臆想女性会注意到性别歧视一样，少数族裔群体可能也没有意识到他们经历过种族主义。多样性在无意识、无能力的水平上运行，在那里人们没有意识到存在任何问题，因此也没有什么可以做的。这也可以表述为："我不知道在瞎忙什么。我从来没有经历过……"人们没有注意到社会化进程的差异，而且对那些用不同方式看待这个世界的人们也缺乏了解。

在一个组织中，占主要地位的劳动力代表着"规范"，并且没有任何理由被区别对待，因为"这种情况下大家都没问题"。这往往需要增强相互之间的协调，并且增进对差异的了解。如果出现了多样性议题，它们可以被传递给专家。例如，为残疾人提供帮助，从而让他们可以与其他人一起做同样的工作。少数裔群体中的某人取得成功后，他可能需要在马斯洛需求层次理论上发挥更高的作用(见图 6.3)，追求自我实现。他们更喜欢成为主导群体的成员而不是事实上的主导群体，而且必须完全满足组织的要求才能适应。

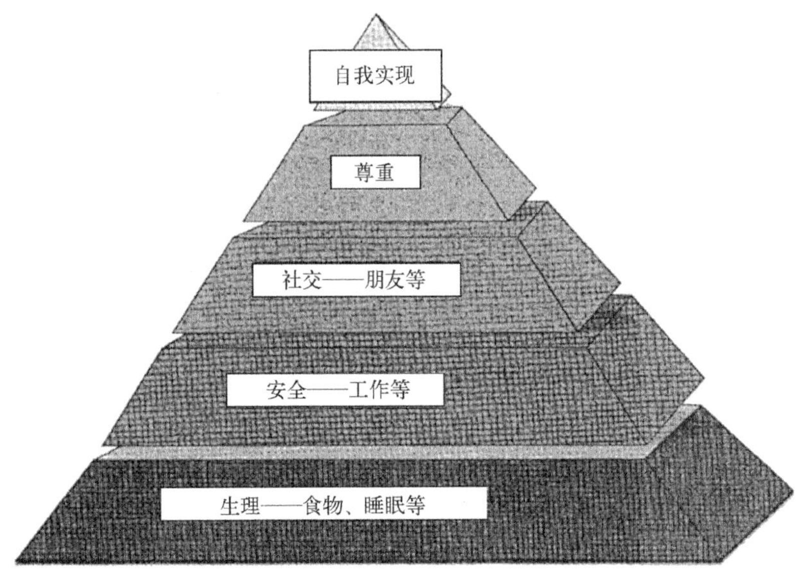

图 6.3 马斯洛需求层次理论(1954)

案例研究

Anil 是个有学习障碍的年轻人，他的社会工作者 Samuel 问他是否曾被霸凌，Anil 说没有。

几天后，Samuel 在与 Anil 所在学校的助教交谈时得知她与 Anil 同乘一辆巴士，经常看到他被巴士上的其他年轻人嘲弄、推挤、吐口水。Anil 至少两次提前下车以逃避这些压迫和排挤。

当 Samuel 再次见到 Anil 的时候，他提醒 Anil 之前否认被霸凌。Samuel 告诉了 Anil 从助教那里得知的新信息。Anil 承认这些事情确实发生了，但他说这些事情只是他日常生活的一部分。他有预料并且已经习惯，并不认为是被霸凌。

思考点

- 这个例子表明，在多样性意识模型中 Anil 处于什么位置？
- 你能做些什么来帮助他理解他的经历？
- 在多样性意识模型中，助教处于什么位置？
- 你是否认为这会导致她在面对 Anil 的经历时的被动性？
- 如何帮助她前进并更积极主动？

阶段 2——震惊

在某些阶段，某些事情可能会破坏这种平衡，个人和组织可能开始质疑他们的世界观，因为它与多样性的某个特定方面有关。这些事情可能是环境的变化、接受社会工作训练、搬家、换工作、与不同的人交往等；或者可能是感知变化的影响，读了什么、某人说了什么、某些有影响的经验；还可能以一种质疑的方式表达，“有没有意识到人们可能会这样看待它”，而且可能对他们如何看待自己或者持有的世界观产生诸多不适。对于女性来说，由于并没有很多女性担任管理岗位，因此无形的限制确实存在。对于少数族裔人群来说，他们可能会意识到自己的日常经历是不同的，比如他们看人的方式、接受的待遇、容忍的玩笑以及与白人相比或多或少的差异。对残疾人来说，这可能引发一系列关于为什么他们无法获得与非残疾人相同机会的质疑，尤其是在公共生活中，包括进入建筑物、提供听力循环和获得正常的教育机会。对于性取向不同的人来说，他们则是无法在公共场合公开他们的亲密关系。

“突发的灵感”不会出现在多样性的范围内，它们一次只出现一个主题。人们很容易适应歧视行为的一个领域，但在另一个领域却浑然不觉。震惊会发生在每个学习领域，但取决于不同领域对震惊的反应，不一定每个人都能意识到。

对于一个组织而言，这种震惊可能来自某人提出的立法要求，发现自己在就业法庭和内部程序的发展，或者只是来自内部的工作人员组的挑战。这种冲击对整个组织来说可能是一种创伤，并导致关于如何回应的一系列不确定性。

案例研究

Petra已在儿童和家庭团队工作一年，在她负责的两个家庭中，父母有学习障碍。在Petra的工作过程中，她将这一情况考虑在内，比如，她确保写信给他们的时候使用简单的语言和16号字体。后来，Petra有机会参加一个培训课程，以增加她与有学习障碍的父母一起工作的知识。她听到的内容使她非常震惊——相比社区的其他父母，有学习障碍的父母的孩子更有可能被带走接受照顾(Department of Health and Department for Education and Skills，2007)，只有52%的有学习障碍的父母亲自照顾他们的孩子(Emerson et al.，2005)。她还听说有学习障碍的父母的人数正在增加，但他们在健康和社会服务方面的需求却没有得到充分满足。她发现这些父母面临诸多障碍，包括对他们的负面评价和刻板印象，儿童和成人服务之间缺乏协调，以及有效服务提供者的配备不足。

思考点

- 你认为Petra可能会有哪些反应？
- 你对这种情况如何做出反应？
- 你是否可以将此与你有过这种经历的另一个多样性领域联系起来？
- 对那次的经历你将如何做出反应？
- 你可以做些什么来帮助自己了解可能仍会让你陷入“震惊”的多样性领域？

• • • 阶段3——否认

震惊可能直接导致否认。“我们一直如此，这从来不成问题。”我们一直相信如果所做的事相同，所得的结果也会相同，不会意识到世界在变化。环境发生了改变，冲击引发了反应，生活不会保持不变。然而，多数组织和个人将头埋进沙子里，试图忽视这种变化。对女性来说，有人否认她们与男性不同的需求。他们没有意识到主要照顾者可能是女性，所以在工作时间、弹性工作年限和儿童疾病保险覆盖方面会有不同需求。“如果他们不能‘正常’工作，他们就不应该工作。”对于少数族裔来说，同样有许多人否认他们的不同需求，对于教育系统可能对少数族裔人群不太公平这一现象缺乏承认。因此，为了达到相同的标准，他们可能需要被提供不同类型的支持机制的事实被忽视了。就识别所有类型的差异而言，沟通根据先前的行为继续进行，并没有意识到这可能不是沟通的最有效方式。

否认阶段可能意味着行为试图照旧，而这将引起意识已经觉醒的人的强烈反应。

案例研究

Carla 是个聋哑人。三年前她成为社会工作者，并在如今的团队工作了六个月。她是团队中第一个聋人。从一开始她的同工就强调他们不会因为她的残疾而对她区别对待。几个星期后，一系列困难开始显现。比如办公室的照明很差，她的座位被安排在小隔间，这使得读唇语和识别面部表情变得困难。团队会议常常涉及管理费用，Carla 发现很难同时读唇语和识别开销，因此会漏掉一些信息。一位留着胡子并经常把手放在脸前的同工，还要确保每次讲话的时候 Carla 都能够看着他。

这个团队还养成了每周共进一次午餐的习惯，但是附近他们经常光顾的咖啡馆往往人声鼎沸，再加上外界的噪声，对 Carla 来说，这不是一个轻松的环境。她逐渐感受到越来越被排斥，但她怕被别人说自己抱怨太多而闭口不谈。团队成员认为他们做了“合理的调整”，因此当 Carla 没有像他们认为的那样充分参与时，他们便认为 Carla 不太友好。

思考点

- 你认为团队成员可能有哪些反应？
- 否认这个团队存在沟通问题有哪些好处？
- 这种情况下你将做何反应？
- 你是否可以将此与你遇到的个人或集体否认的另一个多样性领域联系起来？
- 为了回应这一经历，你可以做些什么？
- 你可以做些什么来帮助自己了解可能仍会让你“否认”的多样性领域？

阶段 4——反应

对不断提高的认识(awareness)的反应可以通过许多不同的方式表现出来，这些方式因人而异，在不同的时间也会存在差别，可能是愤怒、内疚、抑郁、幻灭甚至恐惧。对于多样性未得到认可的人来说，愤怒或许是最常见的：“他们怎么能这样对我，忽视我的不同需求？”对于意识到差异的人来说，愤怒可以表达给个人、有影响力的权威人士或当权者。愤怒可以针对特定的个人或者整个组织。由于组织学习和改变的速度特别慢，这种愤怒和沮丧程度偶尔会成为一个经过精心排练和重复的行为模式，个人可能会陷入其中。对于某些人来说，愤怒甚至可能是有益的，因为这意味着他人的敬畏，以及摆脱其他人无法容忍的行为的可能。

或者说，认识可以表现为悲伤以及与他人分享的期望，或者是一种广泛传播并且具有传染性的压倒性热情。认识可以引发大量阅读：女权主义作家、黑人历史、不同性格类型和荣格心理学等。这种热情能够帮助周围的人，但如果他们处于不同的阶段，新的认识就会被推开：“这只是某些人的爱好。”

在这个阶段经常做出的反应是将问题定义得过于危险，这就会导致人们对这个话题缄口不言，除非其他人已经说了些什么并且被认为是常态。这种现象经常发生在社会工作者的培训中。他们已经开始看到差异会对人们的生活经历产生影响，但是由于他们害怕在其他学生(他们被认为在政治上更正确)以及将对他们的实践做出评估的导师和督导面前“犯错”，他们时常感到焦虑，这意味着多样性的领域被一带而过，被尽可能地避免。可以注意到，当一个人在他说什么之前停下来思考如何以可接受的方式表达他们的想法时，停顿被视为对此主题感到不舒服的暗示，人们通过停顿批评性地判断说话者对事情的认识。

这个阶段可以很快地完成，比如，对少数族裔的不公平待遇可以使人迅速认识到某些需要做的事情和承担的责任。但同样，每个人都是不同的，如果个人的学习方式要求他们必须剖开他们对世界的理解来融入这些新知识，那么这可能被认为太难、太苛刻、不值得，或者“不是我现在想做的”。这可能会使人在相当长的时间内陷入认识阶段。他们知道事情必须改变，但还到不了接受阶段。

身处其中的人对认识增强阶段非常满意，因为它给予他们信息上的支持(见第一章)，刺激或触发进一步学习或者其他人没有的特定洞察力。

在一个组织中，许多人在其中的不同地方工作，它将继续强烈地表达多数人的观点。组织中会有一些认识觉醒，并且可能有意将这种认识纳入组织规范，但不知何故，它会落入“太难”的框框中，或者目前还有太多其他问题发生，而它还没有达到接受和改变的阶段。我们知道我们不能(认识到无能力)，但不太确定如何继续前进。此时，则可能将愤怒撒向看起来是捣乱之人的身上。

案例研究

Gilda 是黑人，患有阅读障碍症。她早期的学校经历对她有负面影响。在她的专业培养中，她一直需要克服对学有所成的恐惧和感受。书面作业对她来说尤其有压力。

Gilda 拥有与年轻人一起工作的天赋，他们似乎很相信她，并认识到如果有必要，她会代表他们“做斗争”。她很享受自己作为个人顾问的角色，并被借调到一个与年轻人一起工作的志愿机构。该团队随后被解散，他们的工作被编入地方当局的一个护理团队，Gilda 转入了这个团队。

这不是她想选择的团队，因为工作需要她必须撰写大量法庭报告，而她知道这不是她力所能及的。她为自己设计了一个声控笔记本电脑，但发现在开放式办公环境中不好用，因为它拾取了所有无关的噪声。

Gilda 要求在家办公，但她的主管不同意。他相信，在她职业生涯的这个阶段她应该能够应对所有工作要求，因此对让他做提交前的检查工作而感到愤怒。他认为如今 Gilda 有了笔记本电脑，应该能够应付自身的问题。如果允许她在家办公则是开了先河，并暗示她期望的福利太多了。

……………………………………

思考点

- 你认为主管为什么这样回应？什么导致了他的这种反应？
- 你认为其他团队成员可能有哪些反应？
- 你对此有何反应？
- 种族、性别和残疾对 Gilda 分别有什么影响？
- 在这个团队中，哪些安排能够让 Gilda 取得成功？
- 你可以怎么做来帮助自己了解可能仍会带你进入“反应”阶段的多样性领域？

阶段 5——接受

每个人都是不同的。我们接受这一点。在这个阶段，我们愿意共同努力，发展一个多样化的工作共同体和一个更公平的组织。但我们需要做什么？仅仅接受并不一定能取得积极成果。它可能导致自满，甚至勾结，而且这些行为可以被解释为“常态化”阶段。实际上这两个阶段也许有一些相似之处，因为两者都是一个相当平等的阶段。我们正处于有意识能力的阶段，能够考虑各方和多样性的所有方面并做出明智的抉择。但我们还没有做好它，这只是一个赞赏，而我们需要前进，不能任其回到无意识的无能中去。

对许多人来说仍然会有“犯错”的倾向。改变多年的社会化和教育是非常困难的。习惯性的措辞在我们的记忆中根深蒂固，并且倾向于在最不合适的时间出现。对多数人来说这是一个是否接受的问题，特别是我们的同事，不要想着成为一名“……者”。更重要的是，他们没有深入思考问题，快速接受语言转变可能会让他们感到尴尬和窘迫（参见第二章的理解模型)。这是我们真正需要善待彼此的时候。这是关于他人对我们造成伤害的接受，还要解释为什么会这样。这时你会说："当你这样说的时候，我感觉……，然后我……"

从组织上来说，我们仍然需要大量的辩论、学习及修改政策和实践指南，更需要有关各方有更大的意愿从错误中吸取教训并分享所学知识与经验。

案例研究

在我们对多样性的理解中达到接受阶段的目的不是为了它本身，而是为了与服务对象达成成功的结果。

我们的情况很独特(和其他家庭一样)。倾听我们的需求，不做假设。

优秀的社会工作者尽最大的能力去帮助他人。他们富有创意，思虑周全，将整个家庭考虑在内。

(对作者研究的评论)

最后的思考点

……为了有效地促进多样性，我们需要停止做创造障碍的事情，开始做那些打破它们的事情。(Audit Commission，2004)

反思

这些阶段不是固定的。如果发生了某些使我们的观点更加根深蒂固的事情，我们可能向后倒退也可能向前发展。仅仅因为我们在歧视的一个领域建立了认识，不代表我们在其他领域有所探索。任何一个阶段都可能对某些人产生有益影响，因此他们可能选择不继续前进。当处理一些源于社会化的坚定信念时，我们似乎非常缓慢地沿着过渡曲线前进，因此从一个阶段到另一个阶段的进展可能是痛苦的并且不情愿的。与处于不同阶段的人一起工作可能会感到困难，因为我们希望其他人能够像我们自己一样取得同样的进步，而不能容忍那些还未思考及此的人。如果一些个人或组织的行动速度比我们想象得要慢，或者在不同的阶段变得根深蒂固，也会使人感到非常恼火。所有这些构成了一个非常复杂的图景——但无论如何，这只是一个试图弄清楚个人和组织正在发生的事情的模型。

多样性问卷
思考点 ● 要求你对自己诚实，这可能是痛苦的，但可以帮助你确认你可能仍需要关注的多样性领域，还可能包括承认那些与你作为社会工作者的角色和职业期望不相符的态度。 ● 其中的一些领域要求你非常勇敢，对于是否分享以及与谁分享保持谨慎。但是，为了发展，你分享得越多，你将学到更多，并对你的多样性管理更有信心。
阶段 1　常态化
你在多样性领域发展了什么态度、歧视和偏见？例如： ● 女性角色 ● 老年人的地位 ● 肢体残疾者 ● 学习障碍者 ● 有心理健康问题的人 ● 同性恋者 ● 对来自不同国家的人的态度 ● 拥有不同信仰的人 ● 被认为是怪人的人 ● 肥胖者 ● 其他人（如单亲家庭、HIV 携带者、艾滋病患者、卫生标准、阶级、吉卜赛人/罗姆人等） ● 这些态度有多常见，或者你是否能辨别出你的直系亲属与你所在的广义社区中的人的不同？

阶段 2　震惊

- 你在什么时候意识到其他人有不同的态度、歧视和偏见?

- 你是怎么意识到的?

- 你做何反应?

- 你的家人是否与你持有非常不同的态度、价值观或信仰,这让你觉得很为难?

- 在多样性的哪些领域你还没有“灵光乍现”? ——也就是说,你不太理解这些差异意味着什么,以及它们如何影响人们的生活(这些可能非常具体,例如特定的残疾领域或特定的宗教)。

阶段 3　否认

- 在什么情况下你发现自己在说(或思考):
  “我不知道大惊小怪的是什么。”
  “为什么对他们区别对待?”
  “我的多样性怎么样……”
  “为什么我们不能一视同仁?”

- 如果你听到别人说这些话,你如何回应?

- 相对于他人,你是否更有信心挑战某些歧视性领域?

- 是什么经历导致了这种差异?

- 是否还有其他哪些方面你认为更容易避免或忽略? 为什么会这样?

阶段 4　反应

- 在什么情况下，你发现自己在抱怨“他们”（无论“他们”是谁）如何得到优先待遇？

- 在什么情况下，你发现自己已经陷入了对群体的定式思维？
  “他们都是那样的。”
  “你能从他们那里得到什么？”

- 为什么你认为是这些领域引发了这种反应？

- 当你发现自己在思考或说这个时，你是如何反应的？

- 你如何平衡有意识的、专业的反应与根深蒂固的、情绪化的反应？

阶段 5　接受

- 在多样性的哪些领域中，你对自己的知识感到满意（或感到匮乏）？

- 你的行为如何表现？

- 你如何测试他人是否同意你的分析？

- 在哪些方面你需要回到你的“常态化”阶段并重新开始思考？

- 出于这些考虑，你需要做哪些方面的工作？

- 你打算怎么做？谁来帮助你？

结论

这种模式使我们能够更好地理解我们所生活的多种族、多元文化的社会，并且可以帮助我们欣赏每个人给任何互动带来的多样性。然而，潜意识的态度扭曲互动的可能性仍是巨大的。

与个人一样，组织在多样性认识方面经历了阶段性增长，并且能够涵盖包容必要性变革的能力。组织中的人员有责任诚实地评估他们在模型中的位置，并努力使自己和组织共同进步。

我们每个人都有责任发展我们的认识，丰富我们的世界观，这是一个终身的旅程。

本章中有待与你的督导讨论的议题

本章的最终目的是让你能够公开和诚实地与你的督导以及同事讨论问卷的细节。我们承认这需要一个安全和信任的环境，但只有存在这样的情况，人们才能在多样性方面犯错误，承认错误，并从中吸取教训。

我们越了解彼此的多样性，就越有可能在相互尊重的氛围中发展出这种安全的环境。

拓展阅读

Helms, J.E. (1984) 'Towards a theoretical model of the effects of race on counselling: A black and white model.' *The Counselling Psychologist 12*, 153–65.

Leigh (2009) Longitudinal Study of Australian Children University of Sydney and Canberra's Australian National University. Canberra: Australian National University.

参考文献[①]

Allen, H., Larsen, J., Bryan, K. and Smith, P. (2004) 'The social reproduction of institutional racism: Internationally recruited nurses' experiences of the British health service.' Radcliffe Publishing. *Diversity in Health and Social Care 1*, 117–25.

Aronson Fontes, L. (2005) *Child Abuse and Culture: Working with Diverse Families.* New York, NY: Guilford Press.

Atkinson, D., Morten, G. and Sue, D.W. (1989) *Counselling American Minorities: A Cross-Cultural Perspective.* Dubuque, IA: William C. Brown.

Audit Commission (2004) *The Journey to Race Equality.* London: Audit Commission.

Bridges, W. (1991) *Managing Transitions: Making the Most of Change.* Cambridge, MA: Perseus Books.

Buchanan, D. and Huczynski, A. (1991) *Organizational Behaviour: An Introductory Text.* London: Prentice Hall.

Byron, T. (2008) *Safer Children in a Digital World: The Report of the Byron Review.* Nottingham: Department for Children, Schools and Families. Also available at: www.education.gov.uk/publications

Bywaters, P. and Harris, A. (1998) 'Supporting carers: Is practice still sexist?' *Health and Social Care in the Community 6*, 6, 458–63.

Carter, R.T. (1990) 'Does race or racial identity attitudes influence the counselling process in Black/White dyads?' In J.E. Helms (ed.) *Black and White Racial Identity Attitudes: Theory, Research, and Practice*, (pp. 145–164). Westport, CT: Greenwood Press.

Christian Legal Centre, The (2011) 'High Court Judgment suggests Christian beliefs harmful to children. Fostering by Christians now in doubt.' Available at www.christianconcern.com/christian-legal-centre.

Community Care Live (2008) *'CCLive: Social workers have "conservative" attitudes on sexuality'* by Maria Ahmed. Available at www.communitycare.co.uk.

Conroy Grizzle Associates (2001) *Recruiting, Retaining and Progressing the Careers of Minority Ethnic Staff in the Probation Service.* London: Home Office Publications.

Court, D. and Durrance, P. (2008) *The Greenwich and Lewisham Hate Crime Project.* London: Probation Service.

Cross, S.B., Kaye, E. and Ratnofsky, A.C. (1993) *A Report on the Maltreatment of Children with Disabilities.* Washington, DC: National Center on Child Abuse and Neglect.

Dale, E. (1969) *Audio-visual Methods in Teaching.* New York, NY: Holt, Rinehart and Winston.

Department for Children, Schools and Families (2009) *Safeguarding Disabled Children: Practice Guidance.* London: DCSF.

Department for Education (2011) *Adoption: National Minimum Standards.* London: DfE.

Department for Education and Skills (2007) *Safeguarding Children from Abuse Linked to a Belief in Spirit Possession.* London: DfES Publications.

① 为方便读者查阅，本书按原版复制参考文献。

Department of Health (2010) *A Vision for Adult Social Care: Capable Communities and Active Citizens.* London: DoH.

Department of Health, Department for Education and Employment, and Home Office (2000) *Framework for the Assessment of Children in Need and their Families.* London: DfH.

Department of Health and Department for Education and Skills (2007) *Good Practice Guidance on Working with Parents with a Learning Disability.* London: DoH/DfES.

Dick, S. (2008) 'Homophobic Hate Crime: The Gay British Crime Survey.' Stonewall. Available at www.stonewall.org.uk

Doel, M. and Shardlow, M. (2005) *Modern Social Work Practice: Teaching and Learning in Practice Settings.* Aldershot: Ashgate Publishing.

Drake, R. (1996) 'A critique of the role of the traditional charities.' In L. Barton (ed.) *Disability and Society: Emerging Issues and Insight.* Essex: Addison Wesley Longman.

Dreyfus, H.L. and Dreyfus, S.E. (1986) *Mind over Machine: The Power of Human Intuition and Expertise in the Era of the Computer.* Oxford: Basil Blackwell.

Durkin, K. and Barber, B. (2002) 'Not so doomed: Computer game play and positive adolescent development.' *Journal of Applied Developmental Psychology 23,* 373–92.

Emerson, E., Malam, S., Davides, I. and Spencer, K. (2005) *Adults with Learning Difficulties in England 2003/4.* London: NHS Health and Social Care Information Centre.

French, J.R.P. and Raven, B. (1959) *Studies in Social Power.* Ann Arbor, MI: University of Michigan.

Gast, L. (2000) Unpublished. Research done as part of training courses.

General Social Care Council (2010) *Code of Practice for Social Care Workers and Code of Practice for Employers of Social Care Workers.* London: GSCC.

Goleman, D. (1996) *Emotional Intelligence.* London: Bloomsbury.

Goswami, U. (2008) *Child Development: Research Review for the Byron Review on the Impact of New Technologies on Children.* London: Department for Children, Families and Schools.

Gross, T. (2008) 'Recognition of immaturity and emotional expressions in blended faces by children with autism and other developmental disorders.' *Journal of Autism and Developmental Disorders 38,* 2, 297–311.

Guirdham, M. (2002) *Interactive Behaviour at Work.* Basingstoke: Prentice Hall.

Guirdham, M. (2005) *Communicating across Cultures at Work,* 2nd edition. West Lafayette, IN: Ichor Books.

Harrison, R., Harvey, R. and Maclean, S. (2010) *Developing Cultural Competence in Social and Health Care.* Staffordshire: Kirwin Maclean Associates.

Haslam, S.A., Oakes, P. J., McGarty, C., Turner, J.C., Reynolds, K.J. and Eggins, R.A. (1996) 'Stereotyping and social influence: Mediation of stereotype applicability and sharedness by the views of ingroups and outgroup members.' *British Journal of Social Psychology 35,* 3, 369–97.

Higgins, M. and Swain, J. (2010) *Disability and Child Sexual Abuse Lessons from Survivors' Narratives for Effective Protection, Prevention and Treatment.* London: Jessica Kingsley Publishers.

HM Inspectorate of Probation (2000) *Thematic Inspection Report: Towards Race Equality.* London: Home Office.

Hofstede, G. (1984) *Culture's Consequences: International Differences in Work-Related Values.* Thousand Oaks, CA: Sage.

Hofstede, G. (2001) *Culture's Consequences: Comparing Values, Behaviors, Institutions and Organizations across Nations*, 2nd edn. Thousand Oaks, CA: Sage. Hofstede's own websites: www.geerthofstede.nl/geert.aspx; www.geert-hofstede.com/hofstede_dimensions.php – for a summary of the positions of different countries on the four dimensions.

Honey, P. and Mumford, A. (1982) *Manual of Learning Styles*. Coventry: Peter Honey Publishing.

Honey, P. and Mumford, A. (1983) *Using Your Learning Styles*. Maidenhead: Peter Honey Publications.

Honey, P. and Mumford, A. (2006) *The Learning Styles Questionnaire: 80-item Version*. Maidenhead: Peter Honey Publications.

International Federation of Social Workers (IFSW) (2000) 'Definition of Social Work'. www.ifsw.org/

International Federation of Social Workers (IFSW) (2004) *Ethics in Social Work, Statement of Principles*. Available at www.ifsw.org

Jung, C.G. (1971, first published 1921) *Psychological Types*. London: Routledge.

Kennedy, M. (1989) 'The abuse of deaf children.' *Child Abuse Review 3*, 1.

Keirsey, D. and Bates, M. (1978) *Please Understand Me: Character and Temperament Types*. San Diego, CA: Prometheus Nemesis.

Keirsey, D. and Bates, M. (1998) *Please Understand Me II: Temperament, Character, Intelligence*. San Diego, CA: Prometheus Nemesis.

Kluckhohn, C. and Murray, H.A. (eds) (1948) *Personality in Nature, Society and Culture*. New York, NY: Knopf.

Kolb, D.A. (1984) *Experiential Learning: Experiences as the Source of Learning Development*. Upper Saddle River, NJ: Prentice Hall.

Kübler-Ross, E. (1969) *On Death and Dying*. New York, NY: Macmillan.

Lakoff, R.T. (1975) *Language and Woman's Place*. New York: Octagon Books.

Lakoff, R. (2004) *Language and Woman's Place*. New York, NY: Oxford University Press.

Laming, H. (2003) *The Victoria Climbié Inquiry Report*. London: HMSO.

Maslow, A.H. (1954) *Motivation and Personality*. New York, NY: Harper & Row.

McGuire, J. (2000) *Cognitive Behavioural Approaches: An Introduction to Theory and Research*. London: Home Office and HMIP.

McPherson, W. (2001) *Enquiry into the Death of Stephen Lawrence*. London: HMSO.

Mencap (2007) *Bullying Wrecks Lives: The Experiences of Children and Young People with a Learning Disability*. London: Mencap.

Morris, J. (1991) *Pride Against Prejudice*. London: The Women's Press.

Morrison, T. (2001) *Staff Supervision in Social Care*. Brighton: Pavilion.

Morrison, T. (2010) 'The strategic leadership of complex practice.' *Child Abuse Review 27*, 2, 312–29.

Morrison, T. (2010) *NQSW & EPD Guide for Supervisors*. Leeds: Children's Welfare Development Council (CWDC).

Munro, E. (2008) *Effective Child Protection*. London: Sage.

Munro, E. (2010) *The Munro Review Part One: A Systems Analysis*. London: Department for Education.

Munro, E. (2011a) *The Munro Review of Child Protection Interim Report: The Child's Journey.* London: Department for Education.

Munro, E. (2011b) *The Munro Review of Child Protection: Final Report: A Child-Centred System.* London: Department for Education.

Myers, I. and Briggs, K. (1987) *Introduction to Type: A Description of the Theory and Applications of the Myers/Briggs Type Indicator.* Palo Alto, CA: Consulting Psychologists Press.

Namaganda, S. (2004) *Information for People with Learning Disabilities from Black and Minority Ethnic Groups.* Bristol: Norah Fry Research Centre.

Parrott, B., MacIver, A. and Thoburn, J. (2007) *Independent Inquiry Report into the Circumstances of Child Sexual Abuse by Two Foster Carers in Wakefield.* Wakefield District Safeguarding Children Board.

Pilkington, A. (2003) *Racial Disadvantage and Ethnic Diversity in Britain.* Basingstoke: Palgrave Macmillan.

Quarmby, K. (2008) *Getting Away with Murder: Disabled People's Experiences of Hate Crime in the UK.* London: Scope.

Qureshi, H. and Walker, A. (1989) *The Caring Relationship. Elderly People and their Families.* Basingstoke: Macmillan.

Reder, P., Duncan, S. and Gray, M. (1993) *Beyond Blame: Child Abuse Tragedies Revisited.* London: Routledge.

Robinson, C. and Stalker, K. (eds) (1998) *Growing up with Disability.* London: Jessica Kingsley Publishers.

Rueda, M.R., Rothbart, M.K., McCandliss, B.D., Saccomanno, L. and Posner, M.I. (2005) 'Training, maturation, and genetic influences on the development of executive attention.' *Proceedings of the National Academy of Sciences of the United States of America 102,* 41, 14931–6.

Senge P. (1990) *The Fifth Discipline.* New York, NY: Doubleday.

Sin, C.H., Hedges, A., Cook, C., Mguni, N. and Comber, N. (2009) *Disabled People's Experiences of Targeted Violence and Hostility.* Manchester: Equality and Human Rights Commission. Research Report 21.

Sobsey, D. (1994) *Violence and Abuse in the Lives of People with Disability: The End of Silent Acceptance?* Baltimore, MD: Paul Brookes Publishing.

Social Work Reform Board (SWRB) (2010) *Social Work Reform Board – One Year On Report.* London: Department for Education.

Staniland, L. (2009) *Public Perceptions of Disabled People Evidence from the British Social Attitudes Survey 2009.* London: Office for Disability Issues (HM Government).

Stonewall (1996) *Queer Bashing.* London: Stonewall. www.stonewall.org.uk

Stonewall (2009) *Hate Crimes and Hate Incidents.* Produced by Stonewall for the Equalities and Human Rights Commission – available in digital format only at www.stonewall.org.uk.

Sullivan, P.M. and Knutson, J.F. (1997) *Maltreatment and Disabilities: A School Based Epidemiological Study.* Omaha, NE: St Joseph's Service League Center for Abused Handicapped Children.

Tannen, D. (1989) *That's Not What I Meant.* London: Virago.

Tannen, D. (1995) *Talking From 9 to 5: Women and Men at Work.* London: Virago.

Tannen, D. (2001) *You Just Don't Understand: Men and Women in Conversation.* London: Virago.

Taylor, P. and Gast, L. (2003) *Responsivity in Practice: Ideas for Engaging with and Motivating Learners.* Malvern: Linda and Mike Gast Training. Available at training@lindagast.co.uk

Thompson, N. (1998) *Promoting Equality: Challenging Discrimination and Oppression in the Human Services.* Basingstoke: Macmillan.

Thompson, N. *Anti-discriminatory Practice* (4th edn) (2001) Basingstoke: Palgrave Macmillan.

Thompson, N. (2006) *Anti-Discriminatory Practice,* 4th edition. Basingstoke: Palgrave Macmillan.

Thompson, N. (2011) *Promoting Equality: Working with Diversity and Difference.* Basingstoke: Palgrave Macmillan.

Training Organisation for the Personal Social Services (TOPSS) (2002) *The UK National Occupation Standards for Social Work.* Leeds: (TOPSS).

Ulph, F., Betts, P., Mulligan, J. and Stratford, R.J. (2004) *Personality Functioning: The Influence of Stature.* Southampton: University of Southampton.

Watson, A.K., Munroe, E.E. and Atterstrom, H. (1989) 'Comparison of communication apprehension across cultures: American and Swedish children.' *Communication Quarterly 37,* 1.

Westcott, H. and Cross, M. (1996) *This Far and No Further: Towards Ending the Abuse of Disabled Children.* Birmingham: Venture Press.

Whitley, B.E. and Kite, M.E. (2010) *The Psychology of Prejudice and Discrimination.* Belmont, CA: Wadsworth.

Wiffin, J. (2010) *Family Perspectives on Safeguarding and on Relationships with Children's Services.* London: Office of the Children's Commissioner. Available at www.childrenscommissioner.gov.uk

Wonnacott, J. (2012) *Mastering Social Work Supervision.* London: Jessica Kingsley Publishers.

Wonnacott, J. and Kennedy, M. (2001) 'A model approach.' *Community Care* 8–14 March.

学术关键词索引①

① 为方便读者查阅，本书按原版复制学术关键词索引，页码为原书页码。

作者索引①

① 为方便读者查阅，本书按原版复制作者索引，页码为原书页码。

译后记

社会工作多样性是一个复杂、动态且充满魅力的研究领域，也是社会工作实践的常态。当出版社邀请我翻译本书时，我便欣然应允。感谢华东理工大学出版社社会科学部的刘军、牟小林在翻译出版过程中提供的帮助。

Linda Gast 和 Anne Patmore 两位都是实务工作者，具有丰富的实践经验和对社会工作多样性的感知，这鲜明地体现在书中的案例介绍与分享中。作为实务工作者，他们通过对自己经验实践的系统性思考汇聚而成的研究成果，实际上就构成了社会工作知识生产的一条重要通道，而这也是笔者一直以来倡导的中国社会工作研究要展开的“实践自觉”与社会工作想象力。

感谢本书翻译团队的成员，是他们的共同努力，才有了本书的顺利出版。他们是华东理工大学硕士研究生翁婷、张一楠、刘佳佳、章旭军，特别是华东理工大学社会工作博士生赵阳承担了部分章节的翻译以及校对工作，我负责全部书稿的审阅、修正以及校订工作。也要感谢华东理工大学 2018 级社会工作专业硕士生吴佳峻、刘媛作为第一批读者，通读了全书，并给予了反馈。对他们的辛劳付出，我在此深表谢意。

社会工作是一个实务性极强的专业。服务场域的多样性以及服务对象需求与问题的多样性、动态性等无疑都决定了社会工作理论、方法和技巧的多样性。社会工作多样性是一个未竟的议程！

内容提要

社会工作者角色的核心是与不同背景的人一起工作的能力，但社会工作者往往对如何处理反歧视行为感到焦虑。

本书以实践经验为基础，是处理社会工作多样性问题的操作指南。它包含了实践的工具和模型，考虑了多样性的概念和人们的差异，提供了理解歧视的模型，并讨论了不同语境中的跨文化交流与文化多样性问题。作者还探讨了不同的学习风格以及在个人偏好不同时如何建设性地合作与工作。本书还为读者提供了实践案例和经验反思。

本书适用于社会工作专业的学生、实务工作者、管理者、实习教师和评估员、培训师以及相关专业人员。